ちくま文庫

増補　本屋になりたい

この島の本を売る

宇田智子
高野文子　絵

筑摩書房

目次

増補　本屋になりたい——この島の本を売る

絵と文字　武藤良子　（P8、9）

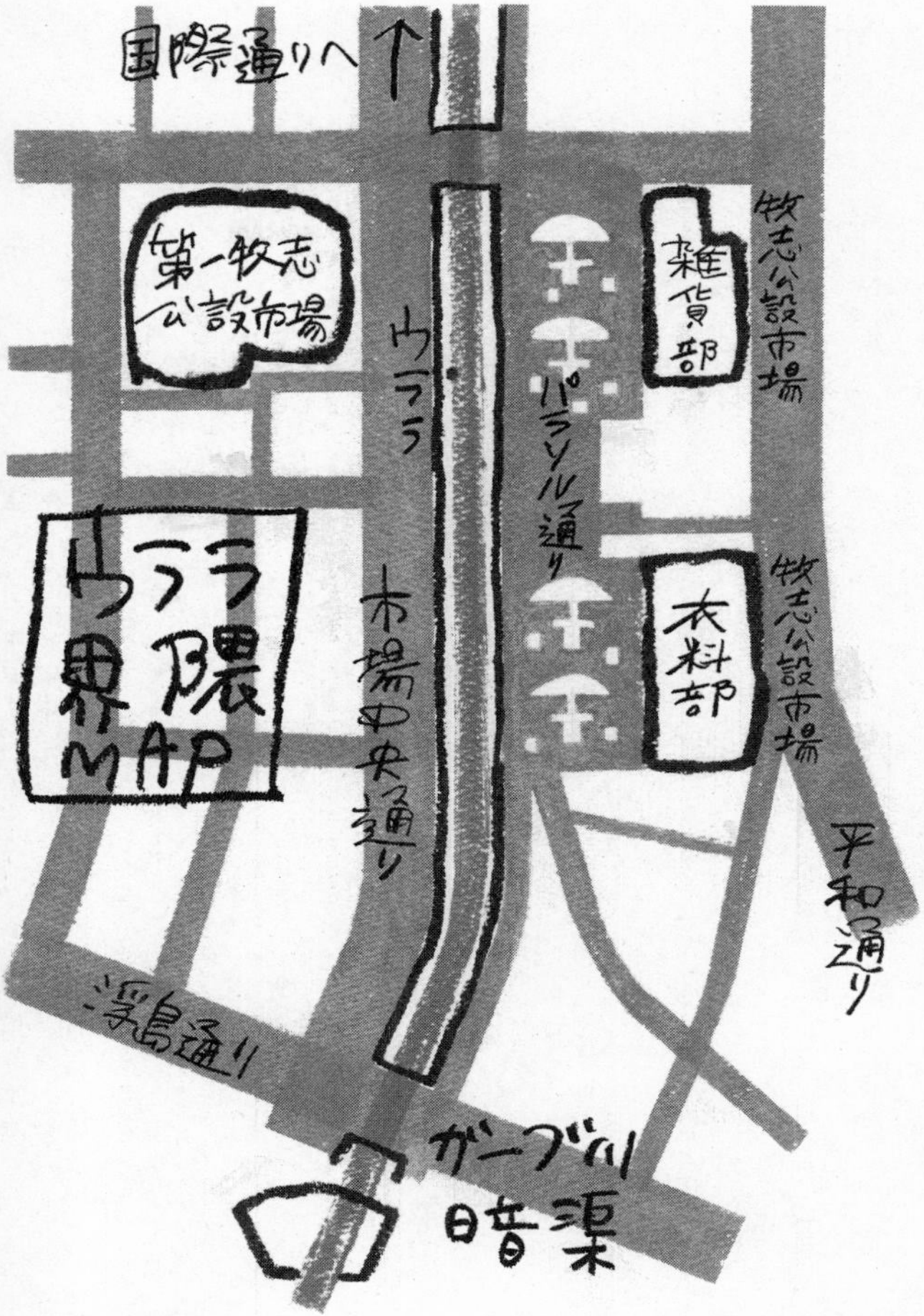

2022年4月時点でなくなったもの、工事中のものも描かれています。

序章——古本屋、始めました

今日も古本屋

朝。小学校に向かう子どもたちの声が外でして目がさめる。洗濯、掃除、食事をすませて本の発送の準備やメールのやりとりをしていると、すぐに昼近くになる。

歩いて店に行く。店に補充する本を抱えて、ノートや水筒も持って、いつも大荷物で。自転車は一年前にパンクしてから乗っていない。信号のタイミングを見ながら、毎日ちがう道を歩く。

浮島通り《うきしまどお》りの側から、市場中央通りのアーケードに入る。道の両側にずらりと店が並んでいる。開店準備をしている人や店の外で呼びこみをしている人を横目に、修学旅行生や観光客の集団をかわしながら進む。

左手に那覇市第一牧志公設市場《だいいちまきしこうせついちば》が見えてくる。私の店はその右手にある。両側のお店の人にあいさつをして、シャッターを開ける。

店のまえをほうきで掃いたあと、店内からキャスターつきの棚を引きだして、路上に並べる。小さな台も合わせて、全部で七台。ほかに折りたたみの椅子や机やレジ袋なども出して、決めた場所に置く。ほんの十分ほどでもなかなかの重労働で、夏は汗がぽたぽたと落ちる。

電気をつけたら開店。帳場に座ってまずは家から運んできた本を拭き、えんぴつで値段を書きこんで棚に並べる。郵便局の人が来たら発送する荷物を手渡し、届いた荷物を受けとり、お客さんの問合せに答え、財布からおつりを出して会計をして。ノートパソコンでメールを書いたり、調べものをしたりすることもある。

おばあさんがゆっくり歩いてきて、立ち止まった。

「おねえさん、いつもがんばってるね。それ、エアコン？」

「パソコンです」

「そうだったねー。おばぁには必要ないさ」

路上に椅子を出して座っているので、通りかかった人が次々に声をかけてくる。

「国際通りはどっちですか？」

「本の買取もする？」

目のまえにある牧志公設市場は、地元の人も観光客も買いものに来る場所だ。そのまわりには車の入れない路地がのびていて、頭上はアーケードに覆われている。この一帯を沖縄の言葉で「マチグヮー（町小）」と呼ぶ。私の店は市場にちなんで「市場の古本屋ウララ」と名づけた。

広さは約三畳、路上にも三畳はみ出して、全部で六畳。棚と机と壁に囲まれて、路上で店番している。

店番は私しかいない。公設市場の二階のトイレに行くとき、コーヒーを買うときも、開けたまま出かける。お客さんが来たら、私がいないのに気づいたお隣の漬物屋さんが会計をしてくれる。逆に漬物屋さんがいないときは私が会計する。

店にあるのは、ほとんどがここ沖縄に関する本だ。琉球王国の歴史、花の図鑑、伝統工芸の写真集、沖縄そば屋のガイドなど内容はさまざま。沖縄の出版社が出した本も、県外の出版社が出した本もある。「もうすぐお盆だから」とお供えのしかたの本を買う地元の人がいて、「いつか住みたい」と沖縄に移住した人のエッセイを買っていく観光客がいる。

ときどきぱったりと人通りがとだえて、ぼんやりと店の本を読むこともある。知り合いが来たら隣に椅子を出して、一緒にコーヒーを飲んだり。そこにさらに知り合いが来て、お互いを紹介してみたり。

夕方六時をまわるとアーケードに灯りがつき、帰りを急ぐ人たちが通りすぎていく。まわりの店が片づけを始め、私も棚を一台ずつ店のなかにしまう。「さよなら」「明日ね」と、背中に声がかかる。シャッターを閉めて、私もまわりの店の人に「さよなら」と声をかけながら通りを帰る。

古本
ウララ

友だちとご飯を食べにいくか、出版社の人と打ち合わせをするか、まっすぐ帰って本の整理をするか。沖縄の夜は、これからだ。

本屋になりたい

本屋として初めて本を売ったのは、大学一年の夏だった。旅行もしなければ勉強もしない夏休み。友だちはみんな帰省してしまい、神奈川の実家暮らしだった私はひとりになって、アルバイトをしてみようと思いたった。一九九八年のこと。

週刊のアルバイト情報誌を探しに隣の駅の本屋を覗いたら、レジのうしろにアルバイト募集の貼紙が見えた。そうか、本屋という仕事があったと思い、情報誌は買わずに貼紙の電話番号を控えた。

駅ビルの二階にある、二百坪くらいの店だった。学校や会社の行き帰りに寄る人が多く、休日は家族連れでにぎわっていた。

最初はずっとレジに立っていた。アルバイト自体が初めてだったので、お札を数えたり小銭を並べたりすることもうまくできず、本にブックカバーをかけたりサイズに合った袋を選んだりすることももちろんできず、紙くずと一緒に百円玉をごみ箱に投げ入れてしまったりもして、さんざん怒られた。まさかここまで役に立てないなんて、と休憩時間に公園のベンチで泣いた。

閉店後に棚や平台の整理をしていると、ほっと息がつけた。本を触るうちに気持ちが落ちつき、本屋で働いてみてよかったと思えた。都心の大型書店とは比べものにならない小さな店なのに、働いてみるととても広く感じられた。ビジネス書や科学の読みものなどほとんど触れたことのなかったジャンルがあり、初めて見る文庫のレーベルもあり、自分の知っている本というのはごく一部だったのだと気づかされた。

秋になるころにはようやく慣れて、レジのほかに簡単な在庫チェックや文庫の補充もさせてもらうようになった。とはいえ、できるのは限られた仕事だけ。プレゼント用のラッピングや検定の申込み、図書カードの販売、そして本の問合せがくるとすぐパニックになって、社員を呼ぶ。本屋の業務は想像以上に多岐にわたっていた。

自分の知っている本の問合せを受けて、嬉々として棚にご案内することもあったけれど、そんなのはごくまれだった。ここにある本、さらにはここにない本を全部覚えることなんて絶対にできない。そして店は日々動いている。新しい本が入ってきて、昨日まで平台に積んであった本は別の棚に移され、季節に合わせてフェアが入れ替わる。

一日休んだだけでも風景が変わっていた。

五人の社員はシフト制で出勤していて、いつも売場を駆けまわっていた。休みのはずなのに店で作業をしているのを見かけることもあった。激務なのは明らかで、書店の社員にだけはなるまいと心に決めた。

三年生になるとき、アルバイトをやめた。大学の校舎が移って通いにくくなったのと、そろそろ勉強しようと思ったからだ。やめても本屋には行けるのに、またお客さんに戻ったことが思いのほかさびしくて自分でも驚いた。本の発注やフェアの企画といった本屋らしい仕事はまかされなくても、本屋の店員としてそこにいることが誇らしかったのだと気づいた。

四年生になって就職活動をすることになり、いくつか会社の説明会に行ってみた。パンフレットを読んで、働いている人の話を聞いても、会社のなかでどんな仕事がなされているのか、まったく想像できなかった。毎日、出社して席についたらなにをするのだろう。会議でなにを決めて、だれと電話をして、どんな書類をつくるのだろう。仕事の成果はどんなふうに世の中に出ていくのだろう。

そもそも、いままで文学部で本ばかり触っていたのに、急にプログラミングや食品の営業ができるものだろうか。結局ろくに勉強しなかったとはいえ、まったく別の職業につくのはもったいないような気もした。無理に新しいことを始めるより、本を扱う仕事をするほうが、少しは人の役に立てるかもしれない。

アルバイトをした書店のことを思いだした。忙しく立ち働いていた社員の人たち。新刊を棚に出し、フェアを入れ替え、注文書をFAXし、アルバイトに指示を出し、出版社の営業の人と話し、レジに入り、お客さんのクレームに対応する。なにをやっているのか、私にもよく見えた。すべての業務は、目のまえのお客さんに本を売ることに直結している。ああいうわかりやすい仕事がいいなあ、と思った。激務でも。

本に関わる職場は、書店のほかに出版社や取次、図書館などもある。ひととおり想像してみた。

出版社はなんとなく格好よく見えたものの、出したい本が思いつかない。世の中にはこんなに本があるのだから、これ以上は必要ないような気がした。無理につくらなくても、あるものを売っていけばいいじゃないか。それに、出版社は自社の本しか扱えない。書店ならどこの出版社の本でも売ることができる。

取次は、何千もの出版社の本を取りまとめて書店に卸す仕事である。本の流通の要となる存在だけれど、お客さんに直接関わらないので、うまくイメージできなかった。図書館は就職するのが難しいと聞いていたので、司書の資格を取らなかった。熟考の末に、というよりはぼんやりした消去法で、やっぱり書店だと決めた。

履歴書の志望動機には、

「なにかしたいと思っている人を、本を売ることで応援したい」と書いたのを覚えている。編みものがしたい、結婚したい、仕事をやめたい、病気を治したい、ひまをつぶしたい。どんな望みにも、助けになる本がきっとある。世の中にあるたくさんの本を整理して、必要な人に手渡す仕事をしよう。

全国チェーンの新刊書店に就職が決まって、東京の店で働きはじめた。七年めに沖縄の支店に異動し、九年めに辞めた。いまは沖縄でひとりで古本屋をやっている。

ずいぶん唐突な展開に見えるだろう。あいだをつなぐのは、本屋であるということ。会社をやめても本屋でいるとは、われながらずいぶんしぶとくて感心する。最初の志望動機は変わらず持ちながらも、もっと大ざっぱな感じになった。

「本があって、人がいる場所をつくりたい」

それはどんな場所なのか、そこでどんなことが起こるのか。少しずつお話ししていきたい。

店を始めるということ

自分の店を持ちたいと思っている人は多いようで、お客さんにもときどき、

「私もいつか古本屋をやりたいんです」

「沖縄でカフェを始めたくて」

と話しかけられる。次に来たとき本当に始めている人もいれば、いつのまにかその話はしなくなる人もいる。

「私もやりたいけど、宇田さんみたいに勇気がないから」

と言われたこともある。勇気ってなんだろう、と少し引っかかった。

自分の店を持つとは、ふつう自分が経営者になるということだ。会社員のように、毎月決まった額の給料がもらえるわけではなく、店の方針を決めてくれる人もいない。自分でお金をやりくりして、すべて自分で責任をとる。そんな寄る辺ない境遇に身を投じたことを、「勇気」と呼んだのだろうか。

私は、店を始めるつもりはまったくなかった。会社で働くことに不自由さを感じながらも、どうしたらいいかわからずにいた。

大きな書店での仕事は楽しかった。ベストセラーから少部数の専門書まで多様な本を扱い、さまざまな人が来てくれて、新刊やフェアには必ず反響があった。一緒に働いている人、出版社や取次の人、ほかの書店の人、著者など、たくさんのおもしろい人たちに出会うことができた。ただ、もらえるお金も働く時間もきっちり決められているのはありがたい一方で、どこか息苦しくもあった。気分を変えてみようと沖縄に

CASHIER ¥
図書券
新
予約受付中
2002年

転勤しても、解決にはならなかった。

ある日、近所の古本屋が店を辞めるので引継ぐ人を探していると知って、これだ！とひらめいた。金額も条件も聞かないうちに、私がやると決めた。やりたいというよりは、やるしかない、ほかに道はないという感じだった。

この古本屋「とくふく堂」の人は前からの知り合いで、電話をすると大笑いされた。

「宇田さんがやったらおもしろいね。でも、ほかの人からも問合せが来ているから、また相談しよう」

そう言われても、私がやるという決意は揺るがない。店を何度も訪ねて、あれこれ質問攻めにした。そして、本当にできるのか、ひとつずつ考えてみた。

まずはお金のこと。店は人通りの多い商店街にあり、狭いわりに家賃は高い。ただ、店舗としては決して高い金額ではない。狭ければ電気代もそれほどかからないし、ガスと水道はついていない。棚と古本はすでにあるものを前の店主から買い取るので、ゼロから始めるよりは初期費用が抑えられるだろう。

私は就職してからずっとひとり暮らしで、家と食事に給料の大半を費やしてきたものの、たいした趣味もなかったのでお金は貯まっていた。世界一周旅行をするか店を始めるか、というくらいの貯金を、店を始めるために使うことにした。

始めたところで、生活できるだけの売上は立つのか。これはなにより心配で、私が引継ぐことが決まったあとも前の店主を問いつめたり、横に座って一緒に店番しながら様子を見たりした。

店は、那覇の中心商店街のひとつである「市場中央通り」に面している。向かいは牧志公設市場。豚の顔の皮が飾られ、派手な色の魚が並んでいる。地元の人は日常や行事の買いものに来る場所で、観光客が必ず立ち寄る観光スポットでもある。朝十時ごろから夜八時すぎまで人通りが絶えることはなく、みんなきょろきょろと左右の店を覗きながら歩いていく。これだけお客さんがいてまわりに店もあるのだから、品揃えさえきちんとしていれば本は売れるだろう。

では、なにを置けばいいか。沖縄の本だ、と思いついたとき、やるべき仕事が見えた気がした。

私は那覇の新刊書店で沖縄本のコーナーを担当していた。豊かな自然と独自の文化をもつ沖縄の、地元に密着した狭くも深い本の世界にすっかり魅せられながらも、絶版になった本や直販の本の多さに新刊書店の限界を感じていた。古本屋なら、なんでも置ける。そして市場なら、わざわざ本屋に来ない人にも沖縄本を見てもらえる。市場で沖縄の本を売るという思いつきにワクワクした。

気がかりなのは店の狭さ。店内は一・五坪、たった三畳しかない。路上にも棚を出しているので実際には三坪くらい使えるけれど、それまで勤めていた新刊書店が千五百坪だったことを考えると、冗談にもならない狭さだ。

前の店主はそれを逆手にとって、「日本一狭い古本屋」をキャッチフレーズにしていた。雑誌やテレビに取りあげられて、もの珍しげに写真を撮っていくお客さんもいた。日本一狭い古本屋を、（ほぼ）日本一広い新刊書店で働いていた私が継ぐ。おもしろい、と自分で思った。

従業員を雇うとか支店を出すとかであれば、「おもしろい」だけで始めるわけにはいかないだろう。でも私はひとりだから、楽しそう、どうにかできるかも、という直感に従ってみたかった。こんなに狭ければ、失敗してもさっさと片づけられる。いや、きっと失敗はしない。これまた思いこんでいたので、まわりの大人にどんなに止められても決行してしまった。

店を始めるのに必要なのは、勇気というより確信ではないだろうか。ここでならおもしろいことができる。ここでやるしかない。そう思える場所に出会ったことが、始まりだった。

本屋には二種類ある

新刊書店を辞めてひとりで本屋をやろうと決めて、古本屋を始めた。どうして古本屋を？と思われるだろうか。新刊書店で働いていたのなら独立して新刊書店を始めるのがふつうじゃないの、と。

そもそも「新刊」「古本」とはなんだろう。新刊書店の「新刊」は、「出たばかりの本」のことではない。出版社がつくった本を、取次と呼ばれる問屋から仕入れて、定価で売る。これが新刊書店だ。取次を通さず、出版社と本を直接やりとりすることもある。どちらの場合でも、新刊書店は出版社や取次と契約を結んで、仕入れの条件や本の値段について取り決めをする。この取り決めがあるため、新刊書店では全国どこでも同じ値段で本を売っている。カバーが破れた本でも、値引きはされない。

古本屋の「古本」とは、これ以外の方法で仕入れた本すべてのこと。人から売ってもらった本、古本屋どうしの市で買った本、別の古本屋で買った本、みんな古本だ。道で拾った本をきれいに拭いて、値段をつけて並べてもいい。今日発売された本を新刊書店で買って、読んですぐ店に出してもかまわない。これも古本になる。古本屋には仕入れの方法がたくさんあり、自由に値づけできる。

私が新刊書店を始めなかった一番の理由は、お金がかかりすぎるからだ。新刊が一冊売れたとき、だいたい売上の七割を出版社、一割を取次、二割を書店がとる。つまり、書店は千円の本を八百円で仕入れて、二百円の利益を得る。この比率はほぼ固定されている。

古本は、どこから仕入れるか、いくらで売るか、それぞれの店が決める。もらった本を千円で売ってもいいし、十万円で買った本を十二万円で売るのも五十万円で売るのも自由。買う人がいるならば、工夫しだいで利益率を上げることができる。

新刊書店を始めるには、そして続けるにはたくさんのお金がいる。最初に何百万円分もの本を仕入れて、その後は家賃、光熱費、人件費、仕入れ代、備品代などを、売上の二割の利益から毎月払っていく。いつも新しい本を入れていなければお客さんは来てくれないので、たくさん売ってたくさん仕入れる循環をつくらないといけない。あちこちに大型書店があり、インターネットでも本が買え、そして本の売上が減りつづけているこの時代に、店をまわしていくのは簡単なことではない。

新刊書店には人手も必要だ。毎日入ってくる本や雑誌を棚に並べ、棚からはずした本は箱に詰めて取次に返品し、出版社に電話やＦＡＸで注文をし、お客さんの問合せに答え、レジを打ち。ひとりでやっている新刊書店もあるけれど、相当に要領がよくなければできないだろう。私など一日でパンクしてしまいそうだ。

個人が取次と契約を結ぶには厳しい条件を課されるらしく、いま、チェーン店以外の新刊書店が新たにオープンすることはめったにない。だれかが本屋を始めた、と聞くのはほとんどが古本屋だ。

古本屋であれば、自分の手持ちの本や友人知人の本をかき集めて、勝手に始めることもできる。また、古本屋は出版社や取次とのやりとりもなく、店主はいつも悠々と座っているイメージがある。少なくとも、新刊書店のように常に新しいものを追いかけて時間に追いまくられることはないだろう。

そんなわけで、「新刊書店と古本屋、どっちにしよう」と迷うまでもなく、「本屋をやるなら古本屋しかない」と思いこんでいたので、あっさり決めたのだった。

大変だけど自由

もちろん、古本屋には古本屋なりの大変さがある。

たとえば、新刊書店のようなベストセラーがない。新刊書店では、人気作家の新作やテレビで話題になった本が一日に何十冊も売れることがある。古本の在庫はふつう一点一冊なので、同じ本を大量に売ることはできない。

雑誌や巻数もののマンガのように、定期的に売れる商品も古本屋にはない。本とお客さんとの出会いはいつでも一度きりで、一対一だ。

また、新刊の仕入れには「委託」という方法がある。出版社から取次を通して本を仕入れて、売れなかったぶんは四ヶ月以内なら出版社に返品できるというものだ。納品と返品をくり返せば取次への支払いを相殺できるし、不良在庫を抱えずにすむ。本を入れ替えることで、売場も新鮮になるだろう。

古本はふつう仕入れたらすぐに代金を支払わなければならず、返品もできない。業者どうしの市ならほかの業者より高値をつけ、お客さんからの買取なら相手が納得する買取価格を提示して、現金で払う。いま見送ったら同じ本には二度と出会えないかもしれないので、たとえ資金に余裕がなくても買う。そうやって必死に仕入れた本が何年も売れ残って店や倉庫を圧迫している、という悲しい事態もよく起こる。

新刊には定価がある。古本は店によって、また本の状態によって価格が違う。最近はインターネットでの古本販売が一般的になり、検索すれば誰でも古本の価格を比べられるようになった。そうなれば、安いほうから売れていくのが道理。このため値下げ競争がどんどん激しくなって、どこにでもあるような本は値崩れを起こしている。町のごくふつうの古本屋には厳しい時代だ。

ここ何十年もずっと、「本が売れない」「若者が本を読まない」と言われつづけている。出版業界の売上は右肩下がりで、チェーン店は支店を整理し、個人経営の小さな書店は閉店している。もちろん古本屋も例外ではない。

それなのに、新しく古本屋を始める人はあとを絶たない。以前は定年退職した人が趣味をかねて開店するイメージがあったけれど、いまは若い人もたくさんいる。新聞や雑誌でも、たびたび若い古本屋店主が紹介されている。なぜ、時代に逆行するような仕事を選ぶのだろうか。

見ていると、そして私自身のことを考えると、あえて逆行したいのか、という気がする。あるいは、逆行せざるをえないのか。会社の一員としてバリバリ利益を上げるとか、SNSで人の注目を集めるとか、そういう派手なことができなくて、世の中の流れから離れるために古本屋になったのかもしれない。

古本屋の大変さは、自由さと裏表だ。必ず置かなければいけない本はなく、買い取りたくない本は断ってもいいし、本には好きな値段をつけられる。出版社や取次と交渉することもない。新刊書店と違って、ルールはほぼないと言っていいだろう。

会社員から古本屋になる人はいても、古本屋から会社員になる人は少ないと聞いた。もはや後戻りできないのだろうか。確かに古本屋には、希望に胸をふくらませて始めたというより、もうこれをやるしかないと覚悟を決めてきた人が多い気がする。

私は古本屋でアルバイトをした経験もないまま、いきなり自分の店を始めた。無謀だと知りつつも、ほかにできそうなことはなく、どうしてもいまここでやらなければという一心だった。まだまだ経験が足りなくて、まわりの古本屋の人に助けられながら、どうにか店を開けている。

新刊書店も、ようやく新人でなくなったところでやめてしまった。古本屋についても新刊書店についても、知らないことがたくさんある。

それでも、大きな新刊書店から小さな古本屋に、会社員から自営業に、東京から沖縄に移って、さまざまな立場から本屋という仕事について考えてきた。店でいろいろな人と知りあって、思いがけない仕事をする機会にも恵まれた。

この本は、本屋の教科書でも進路案内でもない。ただ、私が本屋で出会った人や本、できごとを紹介することで、本屋の仕事の一面を見ていただけたら、そして驚きやよろこびを一緒に感じてもらえたらうれしい。

一章――本を仕入れる

好きな本も、知らない本も——仕入れ

自分で本屋をやるからには、好きな本を揃えたい。そう考えるのが自然ではあるけれど、実は一番難しいことかもしれない。

私は新刊書店、しかも大型店で働いて、自分の好みがいかに狭くて偏っているかを知った。好きなジャンルの棚でさえ、読んだ本、見たことのある本はわずかしかない。知らない本の問合せを受け、よくわからない本が入っては売れていくのを見るにつけ、お客さんはすごいなあと感心した。おかげでさまざまな本や人の名前を覚え、初めての分野に触れることができた。知らない本を扱うことで知識を広げていくのも、本屋で働く楽しみのひとつだ。

本屋はお客さんのために本を揃える場所である。置くべきなのは自分の趣味の本ではなく、お客さんの欲しがる本なのだと身にしみている。それでもせっかく自分の店をやるなら、好きな本もひそかにしのばせておきたいと思った。

本屋にとっての好きな本とは、売りたい本、店に並べたい本のことだ。自分が読んでとてもおもしろかったから人にすすめたいとか、読んだことはないけれどなんだか格好いいから置いてみたいとか、こんな本を読む人が店に来てくれたらとか。たとえ

売れなくても、自分の好きな本に囲まれて毎日をすごせれば、こんなに幸せなことはない。

では、欲しい本をどうやって仕入れたらいいか。古本屋の仕入れは、お客さんから本を買い取る、同じ古本屋どうしの市で競り落とす、ほかの古本屋で安く売られているのを買ってくるといったやりかたが一般的だ。あとはだれかにもらったり、拾ったりということもありうる。

どの方法にも共通するのは、こちらが受け身だということ。お客さんの売ってくれる本、市に出品される本、ほかの古本屋が売っている本、友達がくれる本、捨てられている本、そこに私の欲しい本があるとは限らない。新刊書店なら、本は出版社に注文すれば入ってくる。それはとてもありがたいことなのだと、新刊書店を辞めたとたんに実感した（ただし絶版になった本はもちろん入ってこないし、書店からの注文が殺到している本は、希望数より冊数を減らされてしまうこともある）。

せっかく店に置きたい本を見つけても、仕入れ値が合わなくてあきらめることがしょっちゅうある。新刊書として定価二千円で売られている本を、千円で仕入れて千五百円の値段をつけたら、お客さんは「古本なのに高い」と思うだろう。仕入れ値も売値も決まっている新刊書店では、そんな悩みとは無縁だった。

最初のころは、自分で重要だと思っている本が売れると「どうしよう、あの本は棚に絶対に必要なのに」とあせった。でも、なくても特に困らなかった。こだわっているのは私だけで、お客さんは黙って別の本を買っていく。定番書を切らしてはいけないというのは新刊書店の考えかたで、古本屋の棚は変わっていくのがあたりまえだった。

店を続けていれば、欲しい本が手に入ることもある。入ってきても、売れれば棚から消える。そしていつかまた入ってくる。そのくり返しを信じて、とにかく店を長く続け、どんどん仕入れをしていこうと考えるようになった。特定の本にあまり固執せずに、入ってきた本をありがたく売っていこうと。

必死に探して手配したお気に入りの本はいつまでも売れないのに、買取で入ってきたよく知らない本がすぐに売れたりする。「さっきの、なんの本だったんだろう」と気になって、あとから個人的に取り寄せて読んでみたこともある。本を入れて売ることで、私自身の興味もどんどん広がっていく。

もちろんなんでもかんでも置くことはできないし、店の雰囲気や客層は意識しなければいけないけれど、ときどき「あれ、こんな本が？」と自分もお客さんも思うような本があると、店にふっと穴があいて風通しがよくなる気がする。

お客さんの家へ――買取

お客さんからの買取は、古本屋にとって仕入れの大きな柱である（買取をしていない古本屋もある）。お客さんさえ買取価格に納得してくれれば、ほかの業者と競わずに本を買うことができるし、まったく思いがけない本が入ってくる楽しみもある。

のんびり店番しているところに、急に台車で何箱もの本を持ちこまれると、よろこびつつもあたふたしてしまう。狭い店の机と椅子に本を積みまくって、身動きがとれない。それでも、わざわざ運んできてくれるのはとてもありがたい。

「たくさんあるから取りにきてほしい」と言われたら、日時を決めて車でうかがう。出張買取はいつも緊張する。まず心配なのは、無事にたどりつけるかどうか。ほとんどのお家は住宅街にあって、大通りから狭い路地に入っていく。店を閉めたあとに行くと、あたりは真っ暗だ。場所がわからず、何度も行ったり来たりしているうちに約束の時間になってしまい、電話をしてお客さんに迎えにきてもらったこともある。

そして、いきなりお家に上がりこむ。ろくに話をしたこともない人の家に入って、本を見て買取価格を決めるのだ。私が査定しているあいだ、お客さんは家事をしたりテレビを見たりしている。家のなかにだれかといて別々のことをしているというのは、なんだか家族のように親密な感じがして妙な気がする。

査定を終えて、「○円でどうでしょう」とお伝えし、「いいですよ」と言ってもらえたら、まずは一安心。「ご苦労さま、お茶でもどうぞ」ともてなしていただくこともある。一緒にお菓子を食べながら本の話やお家の話などをして、ようやく少し打ちとける。

出張買取が店への持ちこみと違っておもしろいのは、お客さんにとっても予想外のものが出てくるところだ。私が棚から出した本を見て、

「あれ、そんなの持っていたんだ」

とご本人が驚いていたり、床に積まれた本を指して「これも売ってくださるんですか?」と聞いたら、

「こんなものも売れるんですか。捨てようと思っていました」

と言われたり。本のほかにも、引っ越しの荷物に入らないからとトイレットペーパーを持たされたり、

「フクロウがお好きと聞いたので」

と、鳥を呼ぶ笛をくださったり。

系統立ったみごとな蔵書をお持ちのかたには、つい「どうやって集めたんですか」

とたずねて、近所にあった本屋の話や、東京に住んでいたころ神保町の古本屋に通った話をうかがった。目のまえの本から、その人の本屋の記憶が引きだされてくる。

引っ越しを機に本を処分されるかたも多く、この家や町の思い出をうかがうこともある。話をするうちに、もっと早く知りあっていれば仲よくなれたかも、と思えたお客さんもいた。転勤で長崎に引っ越すという。

「また沖縄にいらしたときは店に寄ってください」

と伝えた。売ってもらった本を見るたびに、その人のことを思いだす。

ここは真剣勝負――査定

古本屋に本を売りにいったことはありますか。そのとき、提示された買取価格にがっかりしませんでしたか。

私は、がっかりした。文庫本が一冊五円だの、これは値段がつかないだの、ばかにされているとしか思えなかった。そんな金額で買ったくせに、店に並ぶ本には三百円とか千円とかの値札がついている。古本屋ってずるい、と憤った。

買取価格が低いのは、はたしてずるいからなのか、やむをえない事情があるのか。古本屋になるにあたって、本の査定のしかたは大きな謎のひとつだった。いろいろな店の人に聞いてみた。

買取はとにかく明朗にという人。本の状態や価値に応じて、売値の○割から○割までの価格で買い取る。沖縄の貴重な本ならそれ以上つけることもある。本のタイトルと買取価格を表にして見せれば、お客さんも納得してくれる。表をときどき見かえすと、自分なりの買取相場ができてくる。

主要な本だけ価格を説明するという人。こちらは○○円、こちらは○○円です、あとはまとめていくらですと話せば、大事な本をきちんと評価してくれたのだとお客さんは満足する。

本は束で見るという人。ざっと見て、よさそうな本がどれくらい入っているか。これとあれだけでいくらになるから、全部合わせてこれくらい。棚を一段ずつ計算して、足し算する。わからないものは直感で。

いったん持ち帰って査定して後日連絡するという人、その場でぱっと金額を決めて払ってしまうという人など、やりかたは千差万別だった。

具体的な方法のほかにも、あれこれ極意を教わった。同じ本の在庫がすでにたくさんあっても、重要な本はきちんとした価格で買い取る。お客さんの信頼を失わないように。自分の店で売れなくても、業者の市にまわすことができるから、市の相場より安く買えばいい。手にあまるようなら、ほかの業者を紹介して。せっかく本を売ろうと思ってくれた人を逃さないで。

お客さんからの買取には、古書業界を代表するような気持ちで臨まなければいけないのだとわかった。私のうしろに全国の古本屋がずらりと控えている。ここでお客さんをがっかりさせたら、次からはもう古本屋を呼ばずに古紙回収に出してしまうかもしれない。古本屋はずるいと思わせてはいけない、と気を引きしめている。

いまのところ私は、一冊ずつ価格を決めて足し算している。いくらでいつごろ売れそうか、その売値の何割を払えるか考えて、計算する。売れ筋の本や、すぐに売れなくてもぜひ店に置きたいと思える本なら、できるだけ高く買い取る。

店に合わない本なら、業者の市に出せるか、またはネットで売れるか考える。売れるまで倉庫で場所をとるのだと思うと、なかなか高い買取価格はつけられない。

大して欲しくない本を買い取らざるをえない場面もある。値段のつかない本を返そうとしたら、「ただでもいいから引き取ってください」と言われることも多い。数ある古本屋のなかから私の店を選んで売ってくれたのだから、お客さんにできるだけよろこんでもらえるように、お互いの事情を少しずつすり合わせる。

ちょっとした言いかたで交渉がうまく進むことも、決裂することもある。終わったあとも「高すぎたかも」「相手の気を損ねたかもしれない」と、ぐずぐず悩む。とにかく場数を踏んで、自信をつけていくしかないのだろう。

東京へ——組合の市

全国の古書組合から成る「全国古書籍商組合連合会」というものがある。ここに加入すると、全国で開催されている業者どうしの市に参加して本を売り買いすることができる。ただし加盟は強制ではなく、組合に入っていない古本屋もたくさんある。

沖縄にも組合があり、私も店を始めてすぐに入った。入会にはまとまったお金が必要なので迷ったものの、仕入れの機会が欲しかったのと、ほかの業者の人からいろいろ教えてもらいたかったので入ることにした。

沖縄の組合は、二ヶ月に一度「市会」を開催している。それぞれの業者が自分の店では売れない本や、てっとり早くお金に換えたい本を持ちよる会だ。買いたい人は札に値段を書いて封筒に入れ、一番高い金額を書いた業者が落札できる。

業者どうしがライバルになるのに、沖縄の皆さんはとても親切に入札のしかたを教えてくれた。持ちまえの面倒見のよさに加えて、私が早く一人前になることで市がより盛りあがるという期待もあったのかもしれない。

沖縄の組合に入っている業者は、二〇二二年四月現在十五店。決して多くはない。ただ、ここ数年で県外から定期的に参加してくれる業者が増えた。

沖縄の市で取引されるのは、八割がたが沖縄関連本だ。ほとんどの業者が扱っているるため、出品すればだれかが落札するし、県内のお客さんから本を買い取るとたいていは沖縄に関する本が入っているので、出品も途切れない。古本屋を始めるとき、なにより沖縄本に力を入れようと考えた私にとって、市は貴重な仕入先だ。特に最初は、沖縄と名のつく本はなんでも買ってみた。

私は、市会では売るより買うほうが圧倒的に多い。仕入れた本はできるだけ自分の店で売りたいと囲いこんでしまって、なかなか出品できない。お客さんを相手に本を売るより、プロを相手に売るほうが難しい。

二年に一度、沖縄の組合員は連れ立って、東京の古書会館の大市に出かける。私も、店を始めて二年めの冬に初めて参加した。

話には聞き、想像もしていたものの、量も質も値段も沖縄とは段違いの迫力に圧倒された。江戸時代の和綴じの本もあれば、真新しい専門書もあり、小さなお経の本が赤い布の上に大事に置かれているかと思えば、階段の踊り場に漫画雑誌がうず高く積まれていたり。ポスターやこけしなど、本でないものもあった。

東京では毎日なにかしらの市が開かれ、全国から業者が参加して、あらゆる本をやりとりしている。ここに毎日通って本を見るだけでも勉強になるだろう。

東京で古本屋をやりたいとは思わなかった。こんなになんでもある世界に入っても、それよりは、いまいる沖縄の店でできることを考えてみようと思った。沖縄は人の数も本の数も限られているものの、ここならではのおもしろいことがたくさんある。この店でしかできない仕事をしようとあらためて決めて、沖縄に戻った。

古本屋の市場

沖縄でできることをやると決めながらも、やはり大きな市にはあこがれる。東京の古本屋の人が書いた本を読むと、毎日のように市に顔を出しては、変わった本を見つけたり、ほかの業者と話したりしている。自分の店より古書会館にいる時間のほうが長いのでは、と思わせる人もいる。

何十冊も縛られた束のなかに気になる本を見つけて、これは絶対に欲しい、だれか気がついただろうか、あいつも狙っているかもしれない、と想像しながらできる限り高い金額で入札し、ほかの業者にとられれば「気合が足りなかった」と悔やみ、落札できたら今度は「お金がない」と悩み。市は店と同じくらい、もしくはそれ以上に楽しそうだ。業者どうしのかけひきには、お客さんを相手にするのとはまた違った緊張感がある。

沖縄の業者にも、年に数回県外の市に出かける人、または自分は行かなくても宅配で本を送って出品だけする人がいる。全国の業者を相手に出品するなんて私にはとてもできないけれど、沖縄の本には県外で重宝されるものもあるようだ。

ある先輩業者はこう話していた。

「東京の市に参加していなかったころは、本場の市で仕入れができないのが一番の問題だと思っていた。でも、何年か前に初めて行ってみてわかった。仕入れより、出品できなかったことがもったいなかったんだと。自分の店にたくさんある沖縄の本が高値で取引されているのを見て、びっくりした。それからは熱心に出品するようになった。送料もかかるから、最近は少し抑えているけれど」

出品した本が売れれば、そのお金で欲しい本を仕入れることができる。この業者は、沖縄で手に入れにくい学術的な文庫や宗教の専門書を東京の市で落札して、買った金額が出品の売上と同じくらいだったとうれしそうにしていた。市会は「交換会」とも呼ばれるように、自分の本を売って別の業者の本を買って、結果として物々交換になるような売買ができれば理想的だ。もちろん仕入れだけしてもかまわないし、逆に市への出品で生計を立てている業者もいるらしい。

ここはまさに「古本屋の市場」だ。売り手と買い手が入れ替わり、試しあいながら、お互いにとってメリットのある取引をしている。「市場の古本屋」として店をやっている私は、古本屋の市場でも活躍したいところだけれど、まあ無理しなくてもいいか、という思いが年々強くなっている。古本屋にもいろいろあるのだ。

ともあれ、業者の市で高く落札されるような出品ができたら、一人前の古本屋になったと言えるだろう。そのために必要なことを考えてみた。

まずは本の知識をつけて、価値ある商品を見落とさないこと。以前、お客さんからの買取で大量の沖縄本が入った。ぱっと見てもよくわからない非売品の冊子などをそのまま市に出品したら、「おもしろいものが何冊か入ってる」と目ざとく見つけた業者がいて、思ったより高く売れた。きちんと自分で整理して、分けて出品すれば、もっと高くなったのかもしれない。

そして、ほかの業者が行かない場所に分け入っていくこと。骨董屋、フリーマーケット、図書館のリサイクル市、お客さんの家。沖縄で店をやっていることも、県外の業者がなかなか来られないのを考えれば利点にできるはずだ。沖縄は島が戦場になったために戦前の資料の多くが失われたけれど、珍しい本がまだどこかに埋もれているかもしれない。ベテランの業者ほど、いつもあちこち飛びまわっていて、腰の重い自分が恥ずかしくなる。

店に閉じこもらず、どんどん外に出て勉強し、仕入れをする。頭だけでも足だけでもできないからこそ、古本屋の仕事は楽しいのだろう。まずは元気を出していきたい。

ピーナツのような詩集

初めての東京の市では、沖縄の業者の人たちに相談しながら入札した。あまりの物量に疲れて休憩所で休んでいると、ひとりの先輩業者に声をかけられた。

「地下に『山之口貘《やまのくちばく》詩集』があったね。見た?」

「いいえ」

地下には和本や古い洋書など、高額書が集まっている。見たところでなにも買えないしわからないからと素通りしていた。

「宇田さんは貘さんの本に力を入れているんだから、入札したほうがいいよ。一緒に見にいこう」

エレベーターで地下に降りた。テーブルの上にあるのは、『山之口貘詩集』。一九四

○年に山雅房から出版された本だ。ピーナツのような模様の函に、赤い本が入っている。

山之口貘は、一九〇三年（明治三六年）に沖縄で生まれて長く東京で暮らし、一九六三年に亡くなった。暮らしは貧しくても詩を書くことこそが自分の仕事だと心に決めて、一生を捧げた。結婚と家族、生活とお金、核と戦争、沖縄と日本、そして地球についてふだんの言葉で書かれた貘の詩は、没後五十年以上たってもまったく古びていない。

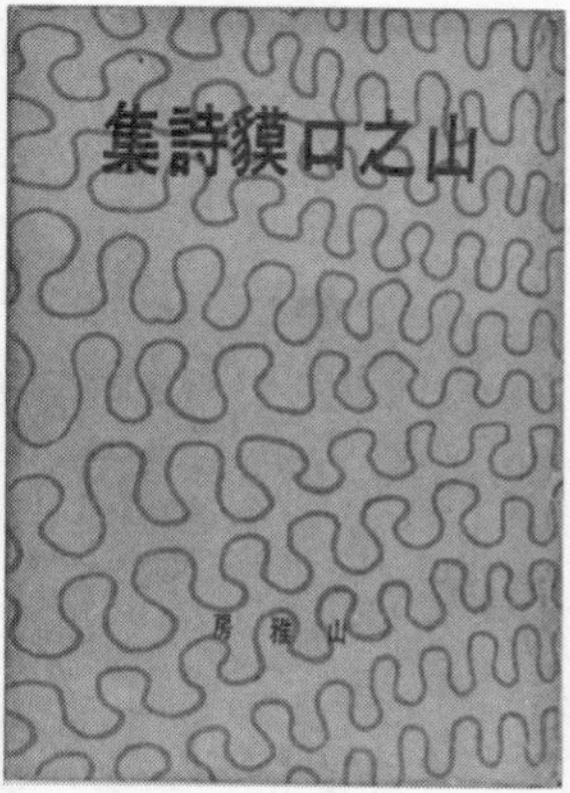

ピーナツ柄の山雅房版

『山之口貘詩集』は貘の二冊めの詩集にあたる。そのあと『定本山之口貘詩集』として原書房からあらためて出版され、二〇一〇年に新装版が出た。山雅房版には口絵に若き日の貘の写真が収録されていて、ピーナツの函も可愛いものの、本人は気に入らなかったらしく、原書房から定本を出すときに写真を削除して、函のデザインも無地のベージュに変えている。

私は沖縄に来てから貘の詩を読むように

なり、率直な言葉と、うそのない生きかたに惹かれた。たくさんの人に読んでもらいたくて、店を始めるときにできるだけ本を揃えた。

山雅房の本は貴重ではあるものの、詩を読むなら『定本』のほうで用が足りる。完全にコレクター向けであるこの本は、はたして私の手に負えるだろうか。

「これだと○○円くらいで落とせるはずだよ」

と先輩が言うのは、私がそれまで沖縄の市で落札したどの古本よりも高い値段だった。しばらく悩んで、なにも買えずに帰るのはくやしいし、「もし売れなくても自分のものにすればいい」という古本屋としての禁じ手も使って、思いきって入札した。

無事に落札できたものの、沖縄に帰ってから調べると、私の落札価格とほぼ同じ値段でお客さんに売っている業者もいる。高く買いすぎたのかもしれない。

「いいんだよ。もし売れなくても、この店にはこんな本があるんだとお客さんに感心してもらえれば。看板を買ったと思いなさい」

古本屋の先人たちは、いつも前向きに励ましてくれる。そうか、と納得して、店に並べた。

三ヶ月ほどたったある日。最初のお客さんがすっと店に入り、すっと本を取りだして、

「この本はこの値段ですか？」

と値札を指さした。山雅房の『山之口貘詩集』だ。

「そうです」

高かったので目を疑ったのだろう。お客さんはうなずき、本を持ったまま棚に戻った。いいんです、売れなければ自分の本にするので。勝手にいじけていたら、しばらくして、

「これ、ください」

と本を差しだされた。今度はこちらが目を疑った。本当に買うんですか、この本を？

思ったよりずっと早く、価値をわかってくれる人が現れた。仕入れて値段をつけた私まで認めてもらえたようでうれしく、一方では手放してしまうさびしさも感じた。

後日、店に来た先輩は棚を見るなり、

「貘さんの本、売れたの？　すごいね、よかったね。売れると自信がつくでしょう」

とよろこんでくれた。人に助けられて、いい経験ができた。

新刊を仕入れてみる

古本を売るから古本屋で、新刊書を売るから新刊書店だ。この区別は、一九九〇年代ごろまではっきりしていたように思う。二〇〇〇年代に入ると、新刊を扱う古本屋や古本を扱う新刊書店が少しずつ増えてきた。

古本屋をやろうと決めた二〇一一年の夏、ひさしぶりに東京に行って古本屋を何軒も歩いてまわった。そのとき驚いたのは、店に入ってすぐの棚に新刊やＺＩＮＥ（個人でつくっている小冊子）を置いている古本屋が多いことだった。

先に書いたように、新刊の利益率は低い。また、古本屋と取引する出版社はまだ限られているせいなのか、どの古本屋にも同じような新刊が並んでいるように見えた。新刊なら新刊書店で買えるのに、どうしてわざわざ仕入れるのだろう。せっかく古本屋なんだから、古本をたくさん売ればいいんじゃないの？　と疑問を感じた。

自分で古本屋を始めると、考えかたが少しずつ変わってきた。

最初に扱った新刊は、写真家の垂見《たるみ》健吾《けんご》さんの「シーサーカレンダー」だった。正確に言えばこれは本ではないけれど、本のかたちをしている。沖縄に三十年近く暮らす「タルケンおじぃ」こと垂見さんが撮った県内各地のシーサーの写真を載せたカレンダーだ。垂見さんが取り次いでくださって、近くの雑貨屋さんから卸してもらうことになった。

店に並べると、次々に売れた。「毎年楽しみにしていました。ここで買えるようになってよかった」と話してくれる人もいた。売り切れると雑貨屋さんに連絡をして、また持ってきてもらった。

ある日、垂見さんが通りかかったので、「売れてますよ」と声をかけると、「よかったさー」と笑ってくれた。

売り切れても注文すればまた入ってくる。売れれば発行元や著者と一緒によろこべる。新刊書店ではあたりまえだったことが、とてもありがたく感じられた。

古本は、つくった人たちから完全に切り離されている。自分の本が古本屋に並ぶことをよく思わない著者もいる。だからこそ古本屋は自由で、少し孤独でもあるのかもしれない。

それからも、「置きませんか」と案内をいただいたり、こちらからお願いしたりして、店で扱う新刊は少しずつ増えている。ひとりから数人でやっている小さな出版社の本がほとんどだ。大きな出版社は直取引の条件が厳しく、ほとんどの新刊書店に並ぶのだから無理して置かなくてもいいと思っているので、自然とそうなった。

これはぜひ店に置きたいと思える本に出会ったら、「扱わせてもらえませんか」と発行元にメールを送る。沖縄の小さな古本屋なんて相手にされないのでは、とドキドキしながら待ち、「いいですよ」と返事が来たらほっとする。やがて届いた箱を開けて本が出てきた瞬間は、プレゼントをもらったようにうれしい。

読者としてではなく、本屋として連絡をとり、仕事をさせてもらえる。本や本のつくり手とそんな関わりかたができるのは、幸せなことだ。本屋になってよかったと思わせてくれた本が何冊もある。私にとって新刊を置くのは儲けのためというより、本を通じて人とやりとりしたり、店の特色を出したりするためなのかもしれない。

また、こんなことを言っては古本屋失格だけれど、新刊はやはりきれいなのだ。古本のなかに並べると、その手つかずの新しさはひときわ輝く。

古本屋になったからこそ気づけた新刊の魅力。これからもその力を借りていきたい。

古本の値段

古本屋をやっていると、

「本の値段はどんなふうに決めているんですか」

とよく聞かれる。確かに、不思議だろう。同じ本でも店によって百円だったり千円だったり、ボロボロの汚れた本が一万円だったり。

「店主の判断です」

と、答えにならない答えを返して納得のいかない顔をされながら、でもやっぱりそれが正解だろう、と思う。

古本を仕入れたとき最初に確認するのは、タイトル、著者、出版社、発行年といった、本の基本的なデータだ。本の最後にある「奥付」にだいたい載っている。

それから古本屋や新刊書店、図書館のサイトを検索して、本の情報や相場を調べる。このあと解説の加わった増補改訂版が出ているとか、次の号で終わった雑誌らしいとか、ありふれた本で値崩れしているようだとか。

まだ新刊として流通しているかどうかも大事だ。絶版の場合、探している人が多ければ元の値段より高く売買されることもある。

本の状態も値づけに大きく影響する。古本の説明によくある「ヤケ・シミ」というのは、経年により本の小口（断面）やページが日焼けし、シミができていることだ。「線引」「書込」は、前の持ち主が本文に線を引いたり、ページの余白に書きこみをしたりしていること。ほかに「カバーにヨレ」とか「ページ破れ」、「函欠《はこけつ》」などもある。このあたりはみんな本の劣化を表しているので、相場よりも少し安く値づけすることになる。

逆に、「帯つき」はプラスになる。本の帯には、書店のお客さんの目にとまるような宣伝文句などが書かれている。新刊書店では、帯が破れるとわりと簡単に捨ててしまったりもするのだが、古本屋ではできるだけ刊行時の状態に近いものが重宝される。

「署名」は、著者のサイン。サイン本なら高く売れるだろうと思いきや、「△△さんへ」と宛名が入っていると、ちょっと厄介になる。なにかのはずみでその本が著者の手に渡ったとき、「△△は私のサインした本を古本屋に売ったのか！」とトラブルになりかねない。宛名だけ塗りつぶされたり、切りとられたりしているものも見かける。

「記名」は買った人のサインで、よほどの有名人のものでない限り、「書込」と同じでマイナスになる。なかには買った日付や書店の名前を書きいれている人もいて、ほのぼのするものの、値づけのうえではマイナスだ。

相場と状態を確かめたあとは、自分の店にとってこの本はどんな位置づけなのかを考える。これが一番大事なことだろう。

沖縄の本は、県外の古本屋では格安で売られていることがある。需要が少なく、売りにくいためだ。でも、私の店には沖縄に関心のある人がたくさん来るので、ほかの店より多少高くても売れる。逆に、日本史の専門書などは客層に合わないから、必要な人がいればどうか連れて帰ってほしいという気持ちで、安くする。

自分はいくらであればこの本を売ってもいいか、お客さんはこの本にいくらまで出してくれるか。値段はそのせめぎ合いで決まる。相場が低い本でも、自分が重要な本だと思うのならほかの店よりも高い値段をつける。それで買ってくれるお客さんがいれば価値が認められたということだし、だれも買ってくれなければ店主のひとりよがりだったということになるだろう。さっさと手放したいのか、欲しい人が現れるまでじっと待てるのか、売るまでにかけられる時間も値段を左右する。

また、安く仕入れられた本でも、必ずしも売値も安くするわけではない。仕入れ値はあくまでも業者の都合で、それで相場を下げるわけにはいかない。ただし、お客さんを引きつけるために、高く売れる本をあえて百円均一コーナーに並べることもある。値づけに絶対的なルールはなく、すべては店主の判断になる。

こうして、目のまえの本にたったひとつの数字を書きいれる。値段の表記のしかたは、店によってさまざま。値札に本のタイトルや状態、店名まで書いて挟みこむ店もあれば、値段を印字したラベルをカバーに貼る店もある。私は最後のページに数字をえんぴつで書く。書くのも消すのも簡単だから。私が子どものころに通った近所の古本屋はみんなこのやりかただったのに、いまは廃れているようで、お客さんにしょっちゅう「この本はいくらですか？」と聞かれる。

古本の値段は、その値段で買うお客さんが現れるまでは確定していない。同じ本が何冊かたまってきたら在庫を減らすために値段を下げたり、著者が賞をとって話題になったら少し上げてみたり。新刊と違って、棚にある本の値段は変わりつづける。

また、いざ会計という瞬間に「値引きしてもらえませんか？」と交渉されることもある。初めはとまどった。自分の値づけに自信がなかったので、「高すぎたのだろうか」と、いちいち気になった。

でも、ほとんどの人はただの思いつきで言っているだけのようだとわかってきた。えんぴつで書かれた数字なんて、いくらでも変えられる不確かなものに見えるのだろう。「こんな古い本がこんなに高いなんて、ぼったくりじゃないの」と不審に思われてもいるのだろう。ここが市場で、観光地であることも関係しているかもしれない。

店を始めたころは、言われるがままに値引きしてしまい、後悔したこともあった。自分で自分の仕事を否定したような気分になった。いまは基本的に断っている。

「この値段で買ってくれるかたに売りたいんです」

と言って。古本の値段は店主の価値観をもっとも表すものなので、簡単に安くしてはいけないのではないか、と思っている。

〈コラム〉 魚

店の右隣は、洋服屋さん。折りたたみ式のついたてで仕切られているので、店番中は顔が見えない。ときどきぱっと出てきてお菓子をくれる。私の店の外の本棚の横にマネキンが立っていて、頻繁によそおいを替えている。

左隣は漬物屋さん。瓶づめのスクガラスが有名だ。アイゴの稚魚（スク）を塩辛（ガラス）にして、瓶のなかに整然と並べてある。ほかに唐辛子を泡盛に漬けたコーレーグース、黒糖漬けのニンニクなど、沖縄の保存食をたくさん扱っている。こちら側には仕切りがなく、境い目に置いた本棚のすぐ向こうに瓶づめのイカ墨や、ペットボトルに入ったシークヮーサーの原液が並んでいる。ひとつづきの店に見えるのか、私に向かって、

「このニンニクは沖縄産？」

と、たずねてくるお客さんもたまにいる。

トイレなどで席をはずしているときは、お互いに商品を売りあう。いつだったか、近くの薬局に行って戻ってきたら、漬物屋さんが本を何冊も抱えてタイトルと値段を必死に書きとめながら会計してくれていて、あわてて引継いだ。

漬物屋さんとの境にある棚の一番上に、「美ら海おきなわの魚ファイル」を置いている。沖縄の魚のイラストと、沖縄名、和名、簡単な説明が書いてあるクリアファイルで、つくっているのは「つり沖縄新聞社」。出版社でありながら、本だけでなく魚のファイルとポスターもつくって書店に卸している。営業の人が私の知人のお母さんと親しいという縁から、私の店にも卸してもらうようになった。値段が手頃でかさばらず、いいおみやげになるのか、観光客がよく買っていく。そしてふたりにひとりは漬物屋さんに、

「これください」

と差しだしている。漬物屋と古本屋のあいだに魚ファイルがあったら、漬物屋の商品だと判断されるらしい。すぐ横にスクガラスがびっしりといるから、魚つながりで漬物屋さんのほうが勝つんだな、と毎回思いながら、

「こちらでお願いします」

と手をあげている。

ある日、魚ファイルを手にした男の子が目のまえを走りすぎていって、あっため、会計してないよ！　と声をあげようとしたら漬物屋さんが、

「ともちゃん、こっちでお金もらったよ」

と小銭を渡しにきてくれた。

「え、私ここにいたのに」

「いいさ。はい、ちょうど」

百円玉二枚、十円玉一枚でちょうど。それ以来、漬物屋さんが会計してくれるようになった。

二章——本を売る

棚は三次元

物事を立体的に考えるのが苦手なので、しょっちゅう本の量を見誤ってはパニックになっている。イベントのために用意した本が少なすぎて棚がスカスカになったことも、多すぎて通路をふさいでしまったこともあった。お客さんの家への出張買取では本を箱に入れるかひもで縛るかして運ぶのだけれど、箱が足りなくなったり車に載せきれなかったりして、何度かお客さんを煩わせた。段ボールにきちんと詰めた本と、背表紙を揃えて横に並べた本とでは、こんなにもボリュームが違うのかといまだに驚いてしまう。

本はCDとは違って大きさがいろいろある。文庫や新書も、横幅と高さはほぼ統一されていても、厚さはバラバラだ。棚一段に四十冊入るつもりで計算しても、厚い本が多ければ三十冊しか入らないこともあり、正確な予測はできない。同じ著者の本をまとめて並べたいのに一冊だけはみ出したときなど、本の厚さに合わせて棚が伸び縮みすればいいのに、と歯噛みしてしまう。

いくら本を仕入れても、棚に出さなければ売れない。それもただ適当に置くのではなく、できるだけ見やすく、手にとりたくなるように出さないといけない。目の高さの棚には、売れ筋の本や売りたい本の表紙を見せるように並べて、上と下の段にはそこにつながる内容の本を集め、さらには隣の棚、向かいの棚、裏の棚にまで流れをつくっていく。店じゅうにくもの巣を張りめぐらせるような気分で。

本を棚に並べる仕事が一番好きだという本屋の人は多い。理想の並びを見つけるために何度も入れ替えて、やっとピタリと決まったときのよろこびは格別だ。といってもそれはつかの間で、本が売れたり別の本が入ってきたりすれば、すぐにやり直しになる。店が開いている限り、棚づくりに終わりはない。どんどん棚が変わってこそ、動いてこその本屋なのだ。

また、当然ながら本屋の棚は店員ではなくお客さんのためにある。つい店員にとって都合のいい棚をつくってしまいそうになるけれど、一番大事なのはお客さんが本を探しやすく、店を歩きやすいように本を並べることだ。

たとえば、「筑摩選書」はさまざまなジャンルの知見を伝えるシリーズである。まとめて番号順に並べたほうが管理は簡単でも、できればそれぞれの内容に合わせて哲学や映画論の棚にも置いてみると、興味を持ちそうなお客さんの目にふれやすくなる。「この本は棚にどんな人を連れてくるだろう」と思いうかべ、その人の目や足の動きを考えながら本を並べる。本屋の棚は、最終的には本よりも人に合わせてつくられていく。図書館のように本の内容で分類を決めるのではなく、その本を読む人を想像して、楽しんで見てもらえる棚にする。

たくさんの本を入れ、たくさんの人が触ることで、ただの板の連なりであるはずの棚は、店のかたちを決める骨組みになっていく。本屋で働く人や出版社、取次の人が口にする「棚」という言葉には、品揃えや本の並べかた、さらには働く人の思いまで含まれている。

「あの店の棚はいいね」

と言うとき、それは棚の材質がいいということではない。本の選びかた、置きかた、その仕事をしている店員、そして店員にそうさせるお客さんがいい、と言っているのだ。棚こそが、本屋の肝になる。

お客さんが棚をつくる

「本屋の棚はお客さんのためにある」とさきほど書いた。これをさらに進めて、「お客さんが棚をつくる」とも言える。本屋の人は、自分だけで判断して棚に本を並べていくのではない。お客さんからの問合せや買う本の組合せなどから、いま必要とされている本やテーマを知り、並べかたや品揃えに生かしていく。

「先月出たこの本、ありますか」と問合せを受けて調べたら、入荷していないことがわかってあわてて発注をかける。

「○○さんのコーナーはどこですか」と聞かれて棚を見ると、同じ著者の本なのにバラバラに入っているので、その場で並べなおす。

こういったことを、本屋の人は日々の仕事のなかであたりまえのようにやっている。目のまえのお客さんの動き、お客さんの声は、店にとって一番の情報になる。新刊書店は店に来てくれる人に合わせて本の注文数を調整し、棚のレイアウトを変えて、お客さんにとって使いやすい場所になろうとする。

ビジネス街の書店にビジネス書がたくさん並んでいるのは、店員の趣味ではない。その場所で必要とされる本を揃えるのが書店の役割だ。さらに、必要な本だけでなく思いがけない本にも出会ってもらえるよう、ほかの本もアピールしていく。腕の見せどころだ。

「お客さんが棚をつくる」のは、古本屋でももちろん同じ。むしろ新刊書店以上に、と言えるだろう。

たとえば、お客さんが本を買ったとき。新刊書店なら、売れた本は一週間から一ヶ月ほどでまた入荷して棚に補充される。古本屋では、同じ本の在庫が何冊もあるとは限らない。一冊しかなければ、売れた本は棚から消える。また入ってくるかどうかはわからない。お客さんが本を買うことで、古本屋の品揃えはどんどん変わっていく。お客さんは古本屋に本を売ってくれることもある。こうなると、ますます「お客さんが棚をつくる」感じが強くなる。料理が好きな人からの買取で店の料理本コーナーが急に充実したり、雑誌のバックナンバーが一気に揃ったり。思いがけない買取によって、店主にも予想のつかない棚がつくられていく。

お客さんが自分の本をこの店に売ってくれたということは、この店に並べてほしいと思ってくれたのかもしれない。次に来たときに並んでいなかったから悲しいかも、とよけいな心配もしつつ、できるだけ棚に出す。

あちこちの家の本棚から、私の店に集まってきた本たち。もともとの持ち主どうしはお互いに知らないのに、本と本はしっくりと隣りあっていて、なんだか不思議な気持ちになる。

読まずにどうやって売る?

「たくさん本がありますね。全部読んだんですか?」

新刊書店でも古本屋でも、しばしばお客さんに問いかけられる。答えは、「いいえ、読めません」だ。入ってくる本を仕分けして棚に出し、お客さんの問合せに答えて会計をし、メールのやりとりなどをしていると、一日はあっというまに終わる。本屋は本を売るのが仕事で、読む時間はない。

もちろん、自分の売っている本を読むにこしたことはなく、休みの日にはゆっくり読みもする。それでも、どんなに時間があってもすべての本を読むことはだれにもできない。店の本は日々入れ替わり、本は今日も世界中で出版されているのだから。

これがどんな本かというのは、実は読まなくてもある程度はわかる。新刊書店で働きはじめたとき、新刊や既刊を上司と一緒に棚に並べながら、見るべきポイントを教わった。

まずは、見た目だ。装丁や使われている紙、手にとったときの感じ。派手で、売場で目立ちそうなカバーは、とにかくたくさんの人の目を引こうとしているのだろう。茶色い函に入っていて、表紙には絵もなくタイトルが書いてあるだけの本なら、専門家向けなのかなとか、素直に想像してみる。

次に本を開いて、終わりのほうにある奥付を見る。著者、出版社、発行年月日、版数・刷数など、本の基本的な情報がまとめられている。「第十八刷」とあれば十七回も増刷したということだから、よく売れた本なのだとわかる。「初版第一刷」は古本マニアに好まれることもある。

著者のプロフィールも大事な情報だ。これが初めての本なのか、ほかにも出しているのか。研究書ならば、大学の先生なのか、独学なのか。

奥付の前後や挟みこまれた別紙に、その出版社が出している別の本の案内が載っていることもある。目を通してみると、この本と一緒に並べるべき本が見つかるかもしれない。出版社の特徴や得意分野もわかる。

あとは目次、まえがき、あとがきをざっと眺めて、本の内容をなんとなく感じとる。特にあとがきには本ができるまでの裏話が書かれていることもあり、興味深い。

ここまで見れば、この本をどこに置いてどんなふうに売るか、だいたい決まる。歴史の本でも、専門書の棚より一般向けの読みもののコーナーに出そうとか、タイトルは美術書のようだけれど著者は心理学者だから、心理学の棚にも置いてみようとか。

また、自分で触って開くことで記憶に残るので、問合せを受けたら「あ、あの本！先週入ってきました」と、すぐに案内できる。

古本屋になってからは、さらに確認することが増えた。このあと改訂版が出ているかもしれない。このシリーズは完結したのだろうか。もしや発禁になった本では。新刊書店に入ってくる本はその時点での最新版だけれど、古本の場合はそのあとの展開まで把握しなければならない。本の内容を離れて、来歴をたどっていく。

ただし、新刊書店よりは時間に余裕があるので（私の場合は）、内容を確認していたはずが読みふけってしまうことも増えた。そのまま持ち帰って自分の蔵書にしてしまったことも、ある。

本屋で働きながらも全然本を読めていないことが、長いあいだコンプレックスだった。でも、毎日手にする本の数、本に囲まれて過ごす時間の長さは、どんな読書家にも負けないはず。一冊の本を探すため、棚に並んでいる本の背表紙を上の段から下の段まで全部読んだり、積まれた本の帯を眺めたり、片腕に何冊も抱えたり。そんな本との接しかたもいいじゃないか、と思うようになった。

読んでいない本を部屋に積みあげておく、いわゆる「積ん読」もまた、ひとつの接しかただと思う。歯を磨きながら、掃除機をかけながら、本の背を目にしていたら、タイトルや著者の名前、本の雰囲気は体にしみこんでくるだろう。たとえそのまま読まずに処分してしまったとしても、一緒に過ごした時間は無駄ではなかったのだ。

だから、「どうせ読まないかも」とは思わずに、どんどん買って積んでおいてもいい。手放すときは、古本屋に売ってください。

本屋の罠

新刊書店で働いていたとき、出版社の営業の人から、

「この本、仕掛けてみませんか？」

と持ちかけられることがたびたびあった。「仕掛ける」。辞書には「相手に対してこちらから働きかける」とある。書店の現場で言いかえると、「お客さんに対して書店から、ある本を買うように働きかける」となるだろうか。

店の入口に同じ本を山のように積んだり、大きな看板をつけて目立たせたり。さらには、宣伝用の動画を流したり、関連グッズを並べたりもする。

一日に何百点という新刊が出るなかで、まずはお客さんにその本の存在を知ってもらわなければ始まらない。だから、とにかく目立たせる。なにかおもしろい本はないかと書店に来た人は、派手に展開されていて売れていそうな本があれば、ひとまず手にとってみるだろう。

実際、それまでほとんど売れていなかった本が、仕掛けたとたんにランキングに入ることはよくあった。本が多すぎて、ただ並べるだけではお客さんには見つけきれなくなっていることがわかる。また、書店の棚にはお客さんを動かす力があるというこ

との証でもある。

古本屋になってからは、「仕掛け」という単語も忘れていた。古本は基本的に一点一冊しかなく、同じ本をたくさん並べることはできない。そもそも私の店は本の数が少ないので、時間をかければ店にある本はひととおり見られる。それでも、これぞ、という本が入ったら、立てかけて表紙を見せたり、POPをつけたりしている。

そんなささやかな仕掛けでも、意外と効果がある。古本屋のお客さんは、新刊書店のように「今日はここでこの本を買おう」と決めて来ることはめったにない。なにしろ、どの店もまったく違う本を並べているのだから。この店にはどんな本があるだろうとフラリと入ってきて、店内を見わたす。

そこで「あっ」と思う本を見つけたときに勢いよく買う確率は、新刊書店より古本屋のほうが高いのではないだろうか。新刊ならほかの店でも買えるし、いつでも買える。古本は一期一会で、この機会を逃したら二度と出会えないかもしれない。次に見つけたときには値段が倍になっているかもしれない。目にとまったときが「買い」だ。

古本屋を始めたころ、前を通ったお客さんに、

「『さまよへる琉球人』はありますか？」

と聞かれた。広津和郎が大正十五年に発表した小説で、沖縄青年同盟から「沖縄に

ついて誤解を招くような記述がある」と抗議を受け、作家みずから発禁とした。一九九四年に同時代社から出版されて、再び読めるようになった。

開店前に仕入れていたのを思いだし、立ちあがって奥の棚から出してくると、ものすごく驚かれた。

「あった！　こんな小さな店なのに！」

お会計をしながら、まるで自分が魔法使いになったような、晴れがましい気分になった。品揃えを沖縄本に絞っているおかげで、こんなことも起こる。

ある日、店の外の棚を見て、なんとなくマンネリを感じた。最近どうも動きが悪い。いつも外には観光客向けの沖縄のガイドや歴史の入門書を並べているけれど、なにか違う本を置いてみよう。小説なんてどうだろう。

奥の棚に行くと、あのあとまた入荷した『さまよへる琉球人』が目に入った。そうだ、キャッチーなタイトルだしこれを出してみようと思いついて、表に並べた。

それから一時間もしないうちに、店のまえでしばらく立ち読みをしていたお客さんが「これお願いします」と差しだしてきたのは、『さまよへる琉球人』だった。おそらくこの本を探していたわけではなく、たまたま見つけて読みはじめたらおもしろかったのだろう。深く考えずに仕掛けた罠が、一時間で功を奏した。

並べかたを変えたり、整理したり。ただ触るだけでも本は生きかえって、お客さんが手にとるようになる。新刊書店の上司によく言われたことを、あらためて実感した。
本屋の仕掛けは、店のいたるところにある。気持ちよく罠にかかって、楽しんでもらえたらと思う。

核になる本

本屋には、核になる本がある。ひとつは定番書だ。何度も仕入れて何冊も売る、その店のロングセラーである。

発行から40年以上にわたって版を重ねてきたロングセラー

私の店では、たとえば『写真記録　これが沖縄戦だ』。地元紙「琉球新報」の連載記事をもとに、一九七七年に那覇出版社から刊行された。編著者の大田昌秀さんは、沖縄師範学校在学中に、男子生徒による学徒隊「鉄血勤皇隊」の一員として南部の激戦場を経験した。九〇年から八年間、沖縄県知事を務め、二〇一七年に亡くなるまで沖縄戦の研究を続けて反戦平和を訴えた。

この本は、大田さんがワシントンの米国防総省で入手した沖縄戦の写真を軸に構成されている。たくさんの写真が収められているなかで、まずは表紙の少女に釘づけになる。「血みどろになった少女」と題されたこの写真に写っているのは、実は兵役を逃れるために女装した少年だったことがあとで明らかになった。

店の外の台に、表紙が見えるようにこの本を置いておくと、その日のうちに売れてしまうことがある。楽しそうに歩いていた観光客が吸いよせられるように本を手にして、「いくらですか」と財布を取りだす姿を何度も目にした。地元のかたが本をめくりながら、ご自身の戦争の体験を話してくれたこともあった。

県内の新刊書店に必ず並んでいる定番書だったのだが、どうやら那覇出版社は営業を停止したようで、二〇二二年四月現在、新刊としては流通していない。いずれ別の出版社が引き継ぐだろうか。その日まで古本を売りつないでいきたい。

もうひとつ、なかなか売れなくても店に置いておきたい本というのもある。あるだけで箔がつくような本だ。たとえば『八重山民俗誌』（喜舎場永珣《きしやばえいじゆん》、沖縄タイムス社）や『南島歌謡大成』全五巻（角川書店）は、沖縄の民俗や文化を知るための基本文献と言えるけれど、新刊で入手できなくなって久しく、よく問合せを受ける。値段が高いので、在庫があっても買ってもらえないことのほうが多いものの、「こんな本まで揃えているんだ」と信頼していただけたら、まずは充分だ。

こういった本はなかなか仕入れる機会がない。お客さんからの買取に入っていればよろこんで、買取価格もはずむ。業者の市に出たら、できる限りの高い金額で入札する。もちろんほかの業者も欲しがるので激戦になる。毎回、落札額を見ては、こんなにお金を出さないと買えないのかと打ちのめされる。一方で、これだけ高く取引される本があるならば、古本業界にはまだまだ希望があるのではないかと考えてみたりもする。

町に出てみる

私の店は商店街のなかにあるので、通りすがりにたまたま入ってくるお客さんがたくさんいる。これはとても恵まれたことだ。沖縄は車社会で、あらかじめ行き先を決めて車で店をまわる人がほとんど。こんなに人が歩いている通りはめったにない。

なかには、わざわざこの店をめがけて来てくださるかたもいらっしゃる。「友だちに教えてもらいました」「ガイドブックで知りました」「SNSで見ました」などと言って。数年前の小さな新聞記事の切り抜きを見せてくださるかたもいた。

もっと多くの人に店を知ってもらい、来てもらうためには、どんなことができるだろう。

まず思いつくのは、自分の店のホームページやブログをつくって住所や営業時間を案内し、入荷した本などをこまめに紹介していくことだ。SNSを使えば、お客さんやほかの店と交流もできる。

インターネットで店の情報を発信するのは簡単だけれど、実は限られた人にしか届いていないとも感じる。広く拡散されるのはごく一部の情報だけで、あとはすでに知っている人たちのあいだで共有されて終わってしまう。

まったく初めての人に店を知ってもらうには、ネットでは足りない。自分から町に出るのが一番いい。

しおり型のショップカードを人につくってもらい、近所の店に置かせてもらいに行った。レジの横などでイベントのフライヤーやフリーペーパーを配布している店は多く、お客さんも積極的に手にとるようだ。町の本屋で思いがけない本に出会うように、しおりも見つけてもらえたら。置かせてくださいと店の人に声をかけると、かわりに相手の店のカードを預かったりもして、交流のきっかけにもなる。

同じ地域、同じ業種の店どうしが協力して地図をつくることもある。いま私の店が参加しているのは、市場中央通りの店の「まちぐゎーMAP」、沖縄の古書組合の加盟店による「古書店MAP」、那覇の雑貨屋やカフェやギャラリーが集まってつくる「NAHA　ART　MAP」の三つ（二〇二二年四月現在、最初の二つは休止している）。地図があると、お客さんにお互いの店を紹介しやすいし、その地域に通ってもらえるようになるかもしれない。

イベントも宣伝になる。最近は古本屋で展示やライブ、トークショーをやることも珍しくない。本棚を背景にして絵を飾ったり、歌を歌ったりしてもらうのは楽しいものだ。商店街でも、エイサーの演舞や昔の那覇の写真展を企画したり、紅型《びんがた》や三線《さんしん》のワークショップを催したりと、人に来てもらえるようなアイデアを出しあっている。

店のロゴ
イラスト：三木静
デザイン：宜壽次美智

イベントの告知は新聞や雑誌に載せてもらいやすく、記者が当日も取材に来てくれて、さらに記事になることもあった。

外のイベントに出店すれば、いつもと違う客層の人に店を知ってもらうことができる。古本屋だけでなく雑貨屋や飲食店も出店しているイベントなら、ふだん本屋に行かない人にも本を見てもらえる。別の出店者が本を買ってくれることもある。

イベントのお客さんに、

「お店の定休日が自分の休みと重なっていて、行きたいのにずっと行けなかったんです」

と言われたときは、たまには時間や場所を変えてみるのもいいものだと実感した。

タウンページに広告を出す、家のポストにチラシを投げこむといった昔ながらの方法もある。古本屋は本を売るだけでなく、お客さんから本を買い取ることも必要なので、なにかのときに思いだしてもらえるような根回しが大事だ（私はあまり大勢のお客さんに対応する自信と体力がなく、ここまではやっていない）。ずっと店にいたら、来てくれる人を待つことしかできない。自分が外に出たときが宣伝のチャンスだ。町角で人に声をかけたりはしなくても、別の店で買いものをして店主と話したり、イベントに参加したり、少しだけ意識して人と関わるうちに、訪ねてきてくれる人も増えていくのではないだろうか。

注文受け付け〼《マス》

本屋に在庫のない本を、自分のために取り寄せてもらったことはあるだろうか。本のタイトルや出版社、自分の名前と連絡先を本屋の人に伝えて、入荷したら電話やメールで連絡をもらって取りにいく。これを新刊書店では「客注」と呼ぶ。

新刊書店で注文できるのは、その店と契約している取次が取引している出版社の、在庫のある本だ。日本の出版社の多くは取次と呼ばれる問屋と取引しているけれど、なかには限られた書店だけに直に卸している出版社や、書店に卸さず読者に直接販売している出版社もある。

たとえば美術展の図録はどう見ても本なのに、美術館のみで販売され、書店には卸さないものが多い。また、会員のみに配付される学会誌などもある。

取引のある出版社の本でも、在庫がなければ当然出荷されない。出版社に電話で注文したら、「よかった、最後の一冊です」と言われたこともあった。

新刊書店で働いてみて、新刊として世の中に流通しているのはごくわずかな本なのだと痛感した。特に最近は、新しい本が次々に出版される一方で、一年前に出た本でもあっという間に品切れになり、入れ替わるスピードがますます速くなっている。

新刊書店では品切れになった本は手配できないので、

「図書館か古本屋でお探しください」

と案内することになる。たとえ古本がネット上で売られているのを見つけても、かわりに買ってあげるわけにはいかない。古本屋だったらどんな本でも探して取り寄せてあげられるのに、と何度も思った。

実際に古本屋になってみると、なかなか思ったようにはいかなかった。お客さんが探している本には手に入れにくいものも多く、どう探しても見つからないことも、見つけても数万円の値段がついていることもある。また、古本は状態も値段もまちまちで、お客さんにとってちょうどいい商品を探しだすのが難しい。

すぐには手配できそうになくても、「いつか入ってきたらお知らせします」と言って、お客さんのお名前とご連絡先をうかがっておく。古本屋をやっている限り、入ってくる可能性はゼロではない。一ヶ月後か、十年後か。そんなのんびりとした待ちかたが、古本屋には許されている。

ある年の春、税務署で確定申告をした帰り、たまたま見つけた喫茶店に入った。年配のマスターがにこにこしながらコーヒーをいれてくれ、小さなチョコレートも出してくれた。本棚にはコーヒー豆の焙煎の本と、沖縄の魚の本が並んでいる。

話してみると、マスターは大の釣り好きで、毎週舟を出してもらっては離島で釣りをしているということだった。私が古本屋だと知ると、

「探してもらいたい本があるんだ」

と目を輝かせた。ただし、タイトルは覚えていない。二十年くらい前の本で、沖縄の新聞社が出していた。これくらいの大きさで、オールカラーで、魚の和名と沖縄名が載っていて。

「すごくいい本なんだけど、仲間に貸したら返ってこなくてね」

わかりましたと答えたものの、自分の店の外での会話だったこともあり、そのままうやむやにしてしまった。

年が明けて、沖縄の業者の市に釣りの本が出品された。手にしてみると、これこそコーヒー屋さんが探していた本だった。はりきって入札し、

「宇田さんが釣りの本を買うなんて珍しいね」

と言われながら無事に落札した。

折しも、また確定申告の季節。税務署に行き、もう覚えていないかもしれないと思いながら喫茶店に入るとマスターが出てきて、

「本屋さんは順調ですか」

と笑いかけてくれた。遅くなりましたが、と釣りの本を見せると、

「これだ、ありがとう」

とよろこんでくれた。一年ごしの注文に応えることができて、ほっとした。

注文品は手間がかかり、いろいろ気もつかう。それでも、「ブラック・ジャック全巻」とか「リチャード・アヴェドンの写真集」とか、ふだんなかなか店で扱えないような本を仕入れられるのはお客さんの注文のおかげだ。

本ではないもの

本を売るから本屋なのだけれど、別のものを売っている本屋もある。

特に、文具を扱う新刊書店は昔からたくさんあった。ペンを片手に本を読むからなのか、学習参考書と一緒にノートを使うからなのか、本と文具の相性はいいらしい。文具は本に比べると利益率が高く、くり返し買われる消耗品なので、その点でも重宝されているのだろう。

カレンダーや手帳は、年末の書店の定番商品である。紙ではあっても本ではないものが、あたりまえのように売られている。CDやDVDのラックをレジ横に設置している書店も多い。本棚を見ればCDつきの本もあり、最近は雑誌の付録にバッグも鍋もついている。もはや本が付録だ。

このような動きをつくっているのは、書店というよりも出版社や取次である。定価販売、委託制度など、ほかの業界とは違うルールがきっちりあるからこそ、逆にどんな商品でも流通に乗せられるのかもしれない。四角くてバーコードがあれば、だいたい置ける。

本屋が自分から交渉して、本以外のものを仕入れることもできる。たとえば花の種、筆、天体望遠鏡も、園芸に書道、宇宙の本があれば、関連づけて並べられる。目を引くので、本の売上にもつながるだろう。

個人店では、店主の好みや人間関係から、パンやコーヒー豆や鉢植えが売られていたりもする。たとえ本の内容とは関係なくても、なんとなく店の雰囲気に合っているので、こちらも自然に楽しめる。もはや本も雑貨で、「素敵なもの」のひとつとして一緒に並んでいるようにも見える。

本屋に飲食店を併設した店も増えた。本を読みながらコーヒーが飲めるブックカフェがあちこちにできている。ここで売られているのは、ものというより場所と時間かもしれない。本の並ぶ静かな空間で、ゆったりと過ごす。椅子とコーヒーがなくても、本屋はもともとそういう場所だったのだと気づかされる。

また、古本屋のなかには、古物商の資格を生かしてリサイクル品を扱っている店もある。古物商とは中古品を売買する業者のことで、都道府県の公安委員会の許可を受けている。書籍のほか、美術品類や衣類、道具類といった項目があり、まとめて申請できる。

私もお客さんの家に買取に行って、「ついでにこれも引き取れませんか」と、本ではないものを見せられることがある。絵や掛軸は私の手に負えないので知り合いの骨董屋を紹介するけれど、なかにはそちらに味をしめて、どんどん骨董屋のようになっていく古本屋もある。

私の店に並ぶ本ではない商品を、あらためて探してみた。ポストカード、缶バッジ、CD、トートバッグ。どれも知り合いがつくったものを預かって売っている。特に違和感なく、本と同じように扱ってきた。

ふと、本との共通点に気がついた。それは、印刷されたものだということ。ポストカードには沖縄の風景写真が、缶バッジにはハイビスカスや首里城の版画が、CDのジャケットには画家の絵が、トートバッグには沖縄の魚のイラストと名前が印刷されている。

刷られているのが紙か金属か布かという違いだけで、それほどかけ離れたものではないのかもしれない。本が缶バッジに、またトートバッグにかたちを変えているのだと考えてみると、なんだか楽しい。

本屋の外で

本ではないものを売る本屋が増えるのと同時に、本屋ではない場所で本が売られているのも目にするようになった。

前にも書いたように、出版社はふつう取次を通して本を書店に卸す。取次にまとめて本を送れば、取次が全国の書店に届けてくれ、精算もしてくれる。取次と取引していない店に卸すとなると、それぞれの店に本を持っていくか送るかしなければならず、手間も送料もかかる。また、後払いの場合は店が売上金をきちんと支払ってくれるかという不安もある。このため、直取引に応じない出版社は珍しくなかった。

ここ二十年ほどのあいだに、取次を通さずにすべての書店と直取引をする出版社が少しずつ増えてきた。このような出版社は、書店にまめに通い、フェアやイベントを積極的に行うことで、読者に距離の近い本を出しているように見える。ほかの出版社も、既存のしくみに限界を感じているのか、以前よりは直取引に応じるようになった。また、新刊書店に限らず、古本屋やカフェとも取引している出版社もある。

沖縄では、本と本屋、本と出版社との関係は、ずいぶん前からかなり自由だった。たとえば、沖縄の魚のシールやシーサーのペーパークラフトをつくっている出版社があるため、沖縄の書店には雑貨も並んでいる。出版社が本以外のものをつくっているのだ。

また、先に書いたとおり、古本屋に新刊を卸す出版社が増えたのはここ十年あまりのことだけれど、沖縄の出版社は昔から積極的に古本屋とつきあってきた。県内には沖縄の本を専門に扱う古本屋も多く、古本も新刊も置くことで、品揃えをより充実させてきた。

沖縄の出版社が出した本＝沖縄県産本は、本屋でない店にも置かれている。コンビニやスーパーに、沖縄の雑誌や料理の本が並んでいることがある。観光地や空港の売店、道の駅にも県産本のラックがあるので、おみやげとして本を買う観光客もいるだろう。さらには、薬草の本が自然食品の店に、お供えの作法の本が仏具屋にあったりもする。その本を必要とするお客さんがどこにいるかを考えて、細かく販路を広げているのだ。本は本屋で売るという決めつけはまったくない。

どうしてこんなことができるのだろうか。大きな理由は、沖縄の出版社が昔から直取引を主にしているからだろう。県内にも取次はあるものの、そこを通さずに自分たちで書店に納品し、精算している出版社が多い。毎月、沖縄本島の北から南まで車で行き、在庫を数えて請求書を渡して、追加の本を納品している。本島内であれば、相手が新刊書店でなくてもルートに加えることができる。逆に、県外へ送るとなると高い送料がかかるので、個別の取引は難しくなる（沖縄の出版社が県外の書店に本を卸すときは、「地方・小出版流通センター」という取次がよく使われる）。

県内に新刊書店が少ないため、古本屋やほかの店まで販路を広げざるをえなかった事情もあるだろう。特に沖縄本島、宮古島、石垣島以外の島にはほとんど新刊書店がない。そこで本を売るには、商店やフェリー乗り場の売店などに卸すことになる。沖縄本島でも、新刊書店はどんどん閉店している。いまは観光客向けのみやげもの屋が目立つ国際通りにも、一九九〇年代までは新刊書店が数軒あったそうだ。私が沖縄に来てからも、いくつもの書店が閉まった（私の勤めていた大きな書店ができた影響もあっただろう）。

沖縄の出版社がつくる沖縄県産本は、八割以上が沖縄県内で売れるといわれている。沖縄県の人口は百三十万人。限られた読者に確実に届けるには、新刊書店にだけ納品して、売れるのをただ待っているわけにはいかない。古本屋でも売店でも、頼れるところはどんどん頼って、ひとりでも多くの人の目にふれるように努力している。

本屋は本を売る、本は本屋で売る。出版社は本をつくる、本は出版社がつくる。あたりまえのようなことが、沖縄では通用しない。一冊ずつ売りかたを考え、工夫していく柔軟な姿勢は、これからの本屋や出版社のかたちを先取りしているのかもしれない。

〈コラム〉ドゥルワカシーとミヌダル

いつもラジオを聴きながら大声で笑い、静かになったと思うとうつむいて眠っていて、お客さんが来るとだれでもほがらかにもてなす、近所の乾物屋さん。毎日顔を合わせながらお互いの店に入ったこともなかったのに、急にやってきた。

「あんたのとこに、ドゥルワカシーのつくりかたが載ってる本、ある」

ドゥルワカシーは、田芋《ターンム》の煮もの。田芋は沖縄特産の野菜で、里芋のように粘りがある。これを豚肉や椎茸と炒めあわせて煮て、練りあげる。お正月などおめでたい席で出される料理らしく、ふだんはあまりお目にかからない。

「あとね、ミヌダル」

ミヌダルは、うす切りの豚肉のまわりにすりつぶした黒ごまをまぶして蒸したもの。琉球王朝の宮廷料理だったそうで、これもめったに見かけない。載っていそうな本を探しながら、どうしていまさら、と思う。おそらく七十歳を超えているこの人は、ドゥルワカシーもミヌダルも何十回もつくっていそうなのに。

「娘にあげるのさ。ずっと東京にいて教えることもないから」

娘といっても何歳なのだろう。やっぱりいまさらじゃないのかな。いや、詮索はやめよう。

「この本には両方とも載ってますよ」

「ああ、いいさ。でもちょっと箱が汚れてるね」

「古本なので、どうしても」

「あげるからきれいじゃないとね」

「ふつうの本屋には置いていない本なんですよ」

沖縄でよく知られた料理の先生の本で、自身の料理学校から出版されている。ときどき新聞に本の広告が出ていて、「書店での取扱いはございません」とはっきり書かれている。

「きれいな本がいいんだよねえ」

「探してみます」

次の日、店を開けるなり乾物屋さんが入ってきた。

「昨日の本、先生が持ってきてくれることになったから」

「え？」

「新聞に載ってた番号に電話したら、今日ちょうど市場に行く用事があるから届けますって」

先生はちょくちょくこの通りを歩いている。髪の毛をふくらませて、いつも華やかに装っているので目立つ。隣の洋服屋さんは、いつも私をこっそり呼んでは
「ほら、先生よ」と教えてくれる。

それにしても、著者がみずから本を届けてくれるとは。

「よかったですね」

言いながら、本屋として役に立てなかったことをさびしく思った。せっかく来てくれたのに。挽回のチャンスはあるだろうか。

三章——古本屋のバックヤード

在庫はあふれる

古本屋に行って奥の棚を見ようとしたら、通路が本の束にふさがれていて立ち入れないことがしばしばある。新刊書店では考えられないことだ。どうしてそうなってしまうのか、長いあいだ疑問に思っていた。

新刊書店では、本は基本的に出版社からの委託品だ。委託期間内なら出版社に返品することができ、出版社によっては本を毎年入れ替える制度がある。出版社が自社の売れ筋や定番の本のセットをつくり、書店は店の規模に合ったセットを選んで入れられるので、効率よく本が揃えられる。

新刊が毎日入ってくるので、限られた棚とバックヤードに収まるように、本はどんどん返品していく。不思議なもので、「返品したとたんにその本の問合せがくる」というのは書店員のあいだでジンクスになっている。ただし返してしまっても、必要になればまた注文して入れてもらうことができる。

これに対して、古本はすべて古本屋が買い取ったものだ。売れないからといって、もとの持ち主に返すことはできない。たとえ在庫があふれていても、買取の依頼があれば出かけるし、業者の市に気になる本が出品されていれば入札する。欲しい本が欲しいときに手に入るわけではないので、チャンスを逃すわけにはいかない。

では、いい本を仕入れたから別の本を処分して場所を空けるかといえば、それもなかなかできない。お金を出して仕入れた本だし、これまで棚のなかで場所を割いていたのだから、家賃の一部をかけてきたことにもなる。どうにか売って、もとをとらなければ気がすまない。それに手放してから問合せがあっても、もう仕入れられないかもしれないのだ。

こうして古本屋の在庫はどんどん増殖し、通路までふさいでしまう。お客さんに棚が見えなければ本は売れないので本末転倒だけれど、ネットや目録での販売をしている店も多いので、店が倉庫のような感覚なのかもしれない。

私は片づけがとても苦手だ。でも、店の通路はちゃんと確保されている。というのは、路上に出しているキャスターつきの棚や折りたたみの机を、店を閉めるときはすべて狭い店内にしまわなければならず、床にものを置くわけにはいかないから。毎日の開け閉めは大変だけれど、おかげで机の上にものを出しっぱなしにすることもないので、私には合っているのかもしれない。

狭い店に置ききれない本は、家で保管している。ひと部屋は壁を三面とも背の高い本棚にしていて、台所にはスチールの大きな棚を置いている。整理できていない本は、段ボールに入れて玄関に積みあげてある。仕入れやイベントで忙しかったときは、半年くらいそのままになっていたこともあった。店で本にまみれ人に接していると疲れてしまって、家ではなかなか立ちあがれない。

在庫の重みに耐えかねたのか、ある年末に足を骨折した。本の入った段ボールを運んでいて、左足の甲をひねった。しばらくは店も開けられずに家にいるしかなく、松葉杖をつきながら少しずつ本を片づけた。こういう時間をつくるために骨を折ったのかもしれない、と思った。

古本屋の先輩業者が心配して、家に差し入れを持ってきてくれた。なんと、山盛りの生牡蠣。このシークヮーサーのドレッシングをかけるとおいしい、と食べかたも教えてくれた。

「じゃあ、お大事に。ところで」

「はい」

「その『大百科』の三巻、さかさまになってかわいそうだよ。直してあげて」

一九八三年に沖縄タイムス社から発行された『沖縄大百科事典』のことだ。各分野の第一人者が集まって一万七千項目を取りあげた事典は、いまでも沖縄研究の必携書である。全四巻、函入りの立派な本なのに、棚に雑に入れたために、三巻めの天地が逆になっていた。

「すみません」

先輩に謝ったのか、大百科に謝ったのか。だれも見ない在庫も大切に並べなければ、と反省した。

本のリレー

『沖縄大百科事典』が先輩の目にふれたのは、台所の棚に並べていたからだ。古本屋を始めるとき、自分の家も引っ越した。六畳の板間を倉庫にしようと、壁一面に本棚をつくったものの、開店前の仕入れですでにいっぱいになり、台所に大きな棚を買い足した。これを入れるために、台所にあった自分の蔵書を寝室に移すことになった。せめてひと部屋は本のない部屋を、という願いはあっという間に破られた。

作業を手伝いに来てくれた古本屋の人に、

「こっちは自分の本なの？　売っちゃいなよ」

と言われ、

「いやです」

と気色ばんで答えたのを覚えている。古本屋をまわって何年もかけて集めたのに、手放すなんてとんでもない。

廊下にまで本の入った段ボールを積み、自分の蔵書の棚もさらに増やして、家じゅうに本があふれてしまったいまは、「買う人がいるなら売ってもいい」という心境に変わった。

本を仕入れて売って、店の本がたえまなく出入りしているのを見ると、本は天下のまわりものなのだと思わされる。昨日仕入れた本が今日すぐに売れ、開店当初に仕入れた本がやっと売れたと思ったらまた買取で入ってきて、あとでゆっくり読めたらと目立たない場所に隠した本は売れてしまい、前に処分した本をやっぱり買い戻したいという人が来て。限られた大きさの棚に本を並べて、売れたらまた違う本を出して。

店の棚の中身が入れ替わっていくのを眺めるうちに、家の棚もこうすればいいのかもしれないと思うようになった。蔵書をどんどん増やしていくのではなくて、一冊買ったら、一冊手放す。新しいものを手に入れるために、いま持っているものを手放す。

「本はりんご箱一箱分しか持たないと決めている」という人もいた。

たとえば、本は所有するものではなく、一時的に借りているものだと考えてみてはどうだろう。新刊書店や古本屋で見つけて買った本を、時期が来たら売ったりあげたりして、次の人に渡す。そのあいだだけ、預かっている。私がいなくなっても、私の持っていた本はだれかの棚に並び、読まれつづけるかもしれない。本がバトンのように手渡されていくのだ。

そう考えると、好きな本はちゃんと買って、自分からリレーを始めたいという気になる。新刊書店で売れなくて出版社に返品された本は、最悪の場合、切られて廃棄（＝断裁）されてしまう。そんな悲しいことが起こらないように、買って古本のサイクルに入れてあげるのが本への愛情かもしれない。

ともあれ、まずは自分の蔵書を見なおして、少しずつ古本の市場に戻していきたい。私にとって本当に必要な本なら、きっとまた入ってくるだろう。

本の手入れ

新刊書店では入ってきた本はそのまま棚に出すけれど、古本屋では手入れが必要になる。ここに来るまでどこに置かれ、だれがどんなふうに扱ってきた本かわからない。外側も中身も点検してできるだけいい状態に戻すのが、古本屋の大事な仕事のひとつである。

手入れには大きく分けて三種類ある。

一つめは、本の見た目をよくするための手入れ。お客さんに気持ちよく買ってもらえるよう、汚れを落として少しでもきれいにする。

まずは外側を拭く。布に水やアルコールを含ませることもある。シールが貼られていたらはがして消しゴムをかける。取りにくいものは専用のはがし液を使う。

古い本は、小口と呼ばれるページの断面にシミができたり、日焼けしたりしている。これをヤスリで削り落とす業者もいるものの、本のサイズが小さくなってしまうのをいやがる人もいる。私は「経年劣化」ということでそのままにしている。

中のページもひととおり見る。えんぴつの書きこみがあれば消し、ボールペンや蛍光ペンならあきらめる。ページの折れは伸ばし、挟まっているメモなどは取り除く。落丁（ページの抜け）や乱丁（ページの順番がまちがって綴じられているなど）がないかどうかも確認する。

二つめは、本の状態をこれ以上悪くしないための手入れ。破れかけたカバーやはがれかけた背表紙は、そのまま放っておくとますます破れ、はがれていくので、補強して劣化をくいとめる。カバーが破れている本は、グラシン紙と呼ばれる半透明の紙を上から重ねたり、ビニール袋に入れたりして保護する。背表紙の糊がはがれてページがはずれかけている本は、糊で背を貼りなおす。このとき、セロハンテープは使ってはいけない。テープは数年で劣化して、変色してしまうからだ。

前に、図書館で本の補修の現場を見学したことがある。糊、はけ、専用の紙テープなどさまざまな道具を揃えて、一冊ずつ手作業で直している姿に感心した。この先ずっと本を保管していくという使命を果たすため、司書の人たちは少しでも長持ちさせようと工夫している。古本屋も、お客さんに渡った本がボロボロにならないよう、できる限りの処置をしておかなければならない。

三つめは、本を衛生的に保つための手入れ。本には湿気やほこりがたまりやすく、函のなかやページのあいだは虫の住みかになる。本を食べる「紙魚」という虫もいるくらいだ。私もたびたびおそろしい目にあった。本を函から出したら虫が飛びでてきたり、なにかの糞らしき黒い点がついているのを見つけたり。こんなことが続くと、本を手にするのがこわくなってしまう。

なかには「古本屋に入ると咳が止まらなくなる」「買った古本を読んでいたら手がかゆくなった」という人もいて、心苦しく感じる。どんなにすばらしい本でも、健康を害してしまっては読めない。本はかたちのあるもので、劣化していくのだから、世話をしてやらなければいけない。

本を棚に出したあとも、手入れは続く。まずは、日々こまめにほこりをはらう。昔の本屋さんはよくハタキをかけていたイメージがあるものの、最近は見ない。ほこりを落とすためというより、立ち読み客を追いはらうためだったのだろうか。

ときどきは本を手にとって、ページをめくる。棚に入れっぱなしにせず、風を通す。戻しながら並べかたを変えたり、値段を見なおしたりすれば在庫整理にもなる。「本は触ると売れる」というのは、本屋の鉄則だ。

着物のように虫干しすることもできる。晴れた日にベランダで本を開いて風にあてたり、黒いポリ袋に入れて日光にあてたり。このあたりはまだ私も実験中で、どれほど効果があるのか実感できない。

先日、店と家にバルサンを焚いてみた。部屋を閉めきり、煙を出して虫をいぶす。数時間おいて、床が死骸だらけだったらどうしようとびくびくしながら戸を開けたら、なにもいなかった。それどころか、本を一冊ずつ出してぱらぱらと開いていたら、虫が一匹飛びだしてきてがっかりした。バルサンを一度焚いたくらいでは、たちうちできないらしい。長い戦いになりそうだ。

時間がたつにつれて本の見た目は損なわれ、かたちは崩れ、虫にもやられていく。たとえ何十年もだれにも触られていなくても、静かに劣化しているのだ。あまりに手がかかるので、電子書籍だったら楽なのにと思ったりもする。

それでも、目のまえに本がある限り、私は本を手入れし続ける。なにかの縁で手もとに来た本を、なるべくよみがえらせて次の人に渡すのが、古本屋の務めだから。

時代の痕跡

本文に蛍光ペンで引かれた線、裏見返しに書かれた名前、小口に押された蔵書印。古本には前の持ち主の痕跡が残されていることがある。売るときにはマイナスの要素になるものでも、無心に見ればおもしろい。お客さんから買い取った本のなかに見つけたときは、売ってくれた人の顔を思いだしながらいろいろ想像する。

弁護士さんが売ってくれた哲学の本は、ページの角が数十ページにわたって折られ、ボールペンであちこちに線が引かれて、余白にはキーワードや「?」が書きこまれていた。それが何十冊もある。隅々まで読んだのだ、と感心した(でも売りにくい)。

ライターの人から買い取った本は、出たばかりの新しい本が多く、重要なポイントやおもしろいエピソードに付箋が貼られていた。書評を書いたのかもしれない。文中の誤字・脱字にえんぴつでチェックを入れているのは、さすが文章を書くプロだ。

ある人は、すべての本の奥付に、買った日付と書店名を記入していた。まるで写真を撮ってアルバムに収めるように、本を買って自分の蔵書をつくっていくよろこびが伝わってくる気がした。

いま、私の店に本を売りにくるのは八十代前後のかたが多い。市場に買いものに来たついでに、

「そろそろ家を片づけようと思って」

と声をかけてくださる。

戦中あるいは戦後まもなく生まれて、三十歳前後で沖縄の日本復帰を迎えた人たち。お家にうかがうと、学生時代から集めてきたと思われる本が揃っている。丸山眞男、吉本隆明、大江健三郎といった人たちの著作や、基地問題、反戦平和、琉球独立に関する本など、背表紙を見ているだけで当時の沖縄の情況や熱気が感じられるようだ。

沖縄の動き、日本の動きを自分の人生に結びつけて全身で受けとめ、本を読んでは仲間と議論し、新聞や雑誌に寄稿し、ときにみずから同人誌をつくってきた人たちだ。古い本を手放しても、その姿勢はこれからも変わらないのだろう。

数十年後、私の世代が「そろそろ」と言って本をまとめて処分するとき、そこにはどんな本があるのだろう。それまで持ちつづけていられる本が、あるだろうか。

本のかたち、棚のかたち

古本屋が集まると、よく什器の話になる。店の棚だけでなく、本を運ぶ箱、イベン

ト用の移動できる棚、本を飾るための台などについて、情報を交換するのだ。

「卵の輸送用の段ボールは本を運ぶにもちょうどいい」

「百円ショップの食器立てには文庫本が並べられる」

日々の生活のなかでいつもアンテナをはって、使えるものを探している。

自営業にはＤＩＹに長けた人が多く、休みの日にホームセンターで板を買ってきて棚をつくったという話をよく聞く。お金を使って人に頼むより、自力でなんとかしようという気概があるからだろうか。店によって必要な什器は違うし、使いやすい大きさや角度は実際に本を並べている人がだれよりよくわかるので、自分でつくるにこしたことはない。棚や台のかたちや配置によって、店の印象も、お客さんの目と足の動きも変わってくる。

自分の本屋を始めてから、いつも什器について悩んでいる。書店で働いていたときは、用意された棚に本を入れるだけだった。幅や高さが合わせにくくても、見づらい場所にあっても、どうにか活用しようとした。いまは自分の好きなようにできるはずなのに、技術やアイデアが足りず、変えてみたいと思いながらも前の古本屋のものをほとんどそのまま使っている。

本はふつう四角くて、大きさにもいくつかの基本型がある。陳列の方法は限られているようでいて、意外といろいろな見せかたができる。

一番簡単なのは、表紙を上にして平らに置くことだ。机や台の上に向きを揃えて何冊か並べれば、それだけで売場になる。東京の駅前で、週刊誌をブルーシートの上に広げて売っている人がいた（いまもいるのだろうか）。シートが一枚あれば、本屋ができる。

ただ、この並べかたは場所をとるので、わずかな冊数しか置けない。本のタイトルは、表紙のほかに背表紙にも書かれている（薄い本だと背表紙がないこともある）。表紙よりも背表紙の面積のほうが小さいので、背表紙の向きを揃えて並べると、もっとたくさん置ける。

本の天（上部）を上にしてただ立てようとしても、倒れてしまう。左右を重しで押さえれば、立つ。重しと重しのあいだに何冊かまとめて並べることもできる。

重しのかわりに両側に柱を立て、柱と柱のあいだに間隔をあけて横板を打ちつけると、棚になる。柱を高くして横板の数を増やすほど、たくさんの本が並べられる。また、柱に何か所か穴をあけて横板をビスで固定するようにすれば、本に合わせて棚の高さを変えられる。本にいろいろなサイズがあるからこその工夫だ。あたりまえのように使っている本棚も、あらためて見てみるとよくできているものだと感心する。

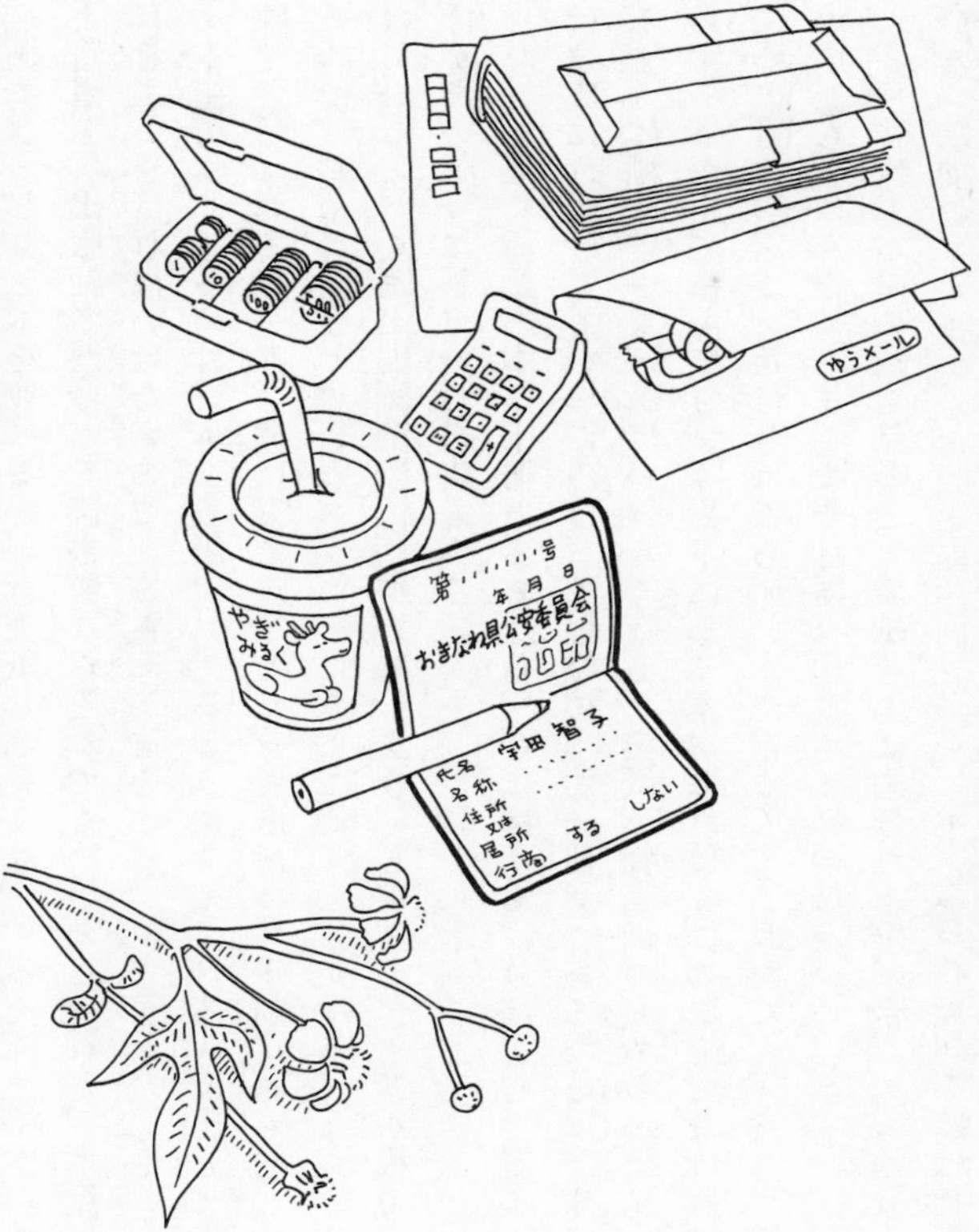
ゆうメール
やぎ
みるく
第　　号
年　月　日
おきなわ県公安委員会
氏名　宇田智子
名称
住所
又は
居所
行商　する　しない

棚にびっしりと本を並べると、背表紙しか見えない。本を探す手がかりはタイトルと著者名、出版社名だけだ。図書館ならそれでもいいのだけれど、本屋はお客さんの目を引かなければいけないので、さらに工夫をする。

本屋でよくやるのは、本を表紙が見えるように立てかける「面出し」あるいは「面陳」と呼ばれる方法だ。棚に立てかけるだけだと滑って手前に落ちてしまうことがあるので、斜めに角度のついたスタンドに立てて置くと安定する。また、ずっと立てかけているとだんだん表紙がめくれてきてしまう。L字型のアクリル板で表紙を押さえ、浮かないようにしている書店もある。

たとえば一種類の本が千冊あるのなら、台に積みあげればすむ。置ききれないぶんは倉庫に片づけてもいいだろう。千種類の本が一冊ずつあるために、すべてが見られるように棚に差さなければいけなくなる。表紙か背表紙のどちらかは見えなければならず、横たえて積んでしまうと下にある本が取りにくいので立てなければならず、立てるには左右を支えなければならず。本が自立してくれたなら、そして勝手に開かないのなら、こんなにさまざまな什器を用意する必要はない。

江戸時代の本屋の絵を見ると、表紙を上に向けた本が、台にべったりと並べられている（駅前のブルーシートの本屋と同じだ）。糸で綴られた和本には背表紙がないので、この向きでしか置けないのだ。本のかたちが什器のかたちを決めている。

こんなにたくさん持っているのがそもそもまちがっているのだろうか、と思いつつ、新しい棚のかたちを日々考えている。

古本屋のつながり

中古CD屋さんと話していると、いろいろ発見がある。本とCDの似ているところ、違うところ。

「イベントに出店しても、食べものには負けますね」

「その場でおいしいほうがいいものね」

「でもCDはライブで売れるから楽しそうですね」

「本も朗読会をすればいいのに」

中古CDの業界には、組合や市はないそうだ。卸業者はいても、店どうしで商品を融通しあうような場はないという。

「本は歴史が長いから体制がしっかりしているんじゃないのかな」

そう言われて、確かに本はCDよりはるかに昔からこのかたちだったのだ、と思った。グーテンベルクが活版印刷の聖書を印刷したのは十五世紀。日本では江戸時代に和本の印刷と流通が始まった。大正時代には東京で古書組合が発足したようだ。

それにしても、業者の組合や市なしに店をやっていくことは想像できない。古書組合への加入は強制ではなく、他店と交流せずに古本屋をやっている人もいる。でも、少なくとも私は、ほかの古本屋の人の助けなしに店を続けることは絶対にできない。

古本屋を始めた最初の週末、知り合いや近所の人が来てくれて、たくさん本が売れた。よろこびながら、

「あれ、補充する本がない！」

と気がついた。開店前に仕入れためぼしい本はほとんど店に並べたので、もう入れるものがなくなってしまった。

隣の漬物屋さんが卸業者から商品を受けとっているのを見て、うらやましくなった。古本もああいうふうにだれかが運んできてくれたらいいのに。新刊書店では毎朝あたりまえのように本が入ってきたけれど、古本屋はだれかが本を売りにくるのを待つか、自分から外に出ていかなければならない。

定休日に、近くの古本屋をまわった。自分の店で売れそうなものを探して、少しずつ買わせてもらう。古本屋にはもともと同業者割引の慣習がある。店主たちは駆けだしの古本屋のために、さらにおまけしてくれた。

そのあとも、私の店に向きそうな買取の話を譲ってくれたり、車の運転に自信がつくまで市会に送迎してくれたり、骨を折ったときはかわりに荷物を運んでくれたり、いまもずっとお世話になりつづけている。私はひとりで店をやっているけれど、「ひとりで」と言うのが憚られるくらいに。

お客さんの探している本が自分の店にないときは、メールで県内のほかの店に問い合わせてそちらを案内する。インターネットで検索して、県外の面識のない店から取り寄せることもある。私の店は狭くて在庫も限られていても、こうした古本屋どうしの結びつきによって、膨大な本とつながっているといえる。図書館どうしで蔵書を貸借するのと似ているかもしれない。

もちろん古本屋は商売なので、同業者は商売敵のはず。でも、それぞれに得意分野があれば、在庫を融通したりお互いの店をお客さんに紹介したりして助けあうことができる。本があまりに多種多様で、とても一店舗の手には負えないからこそ、みんなで力を合わせることになるのだろう。自分で持ちきれない本を、ほかの店に持ってもらっているような気持ちだ。

ときどき、店のあまりの狭さに、

「ほかに支店があるのですか？」

と聞かれる。「あります」と言ってみても、うそではないかもしれない。

古本屋の目録

「お店の目録はつくっていますか?」

とお客さんにたずねられると、恐縮する。やるべき仕事をさぼっているようで、肩身が狭くなる。

古本屋の目録。いまは「カタログ」という言いかたがふつうかもしれないけれど、本の業界では「目録」と呼ぶ。

新刊書店で目録といえば、たいていは出版社がつくっている。「筑摩書房図書目録」のように、自社の刊行物のタイトルと内容紹介を一覧にしてある冊子のことだ。表紙の写真(書影)が入っているものもあり、その出版社の書棚を眺めている気分で楽しめる。同じ分野の出版社が共同で出す、ジャンル別の目録などもある。

古本屋で目録というと、古本屋が独自につくったものをさす。インターネットのない時代から、古本屋は自分の店の在庫目録をつくって顧客に郵送し、通信販売を行ってきた。珍しい本には注文が殺到し、抽選になった。文字が余白なく詰まり、【初】【帯】【カバ】といった用語が並んでいる紙面には、独特の迫力がある。

ただ在庫を列挙するだけではなく、テーマを決めて目録をつくっている古本屋もある。分野、時代、人物、事件など、なにを軸にするかに個性が表れる。そして、そこにどんな本を入れるか。一見、なんの関わりもなさそうな本も、店主の解説によって居場所を得る。なにげない一節や登場人物に光があてられて、その本の新しい一面が見えてくる（『古本屋　月の輪書林』〈高橋徹、晶文社〉をぜひ）。

もちろん、在庫のない本は目録に載せられない。店主は自分の倉庫や業者の市で目をこらして、ふさわしい本をかき集める。そうしてつくりあげたコレクションも、揃っているのは一瞬。目録ができて注文が入れば、本は売られてまたバラバラになっていく。その痕跡を伝えるのは目録だけだ。

忘れられたものに新しい価値を見いだし再び売りだす、これこそ古本屋の仕事そのものだ。目録にあこがれはするものの、つくったことはない。そんなに珍しい本も持っていないし、知識も足りないし。それに、せっかく店という場所があるので、棚を見てもらいたい。

といいつつ、一度でもつくる機会がもてればという気持ちはある。ここに小さな古本屋があったこと、本が並んでいたことを、記事でもなくエッセイでもなく目録というかたちで書けるのは、古本屋の特権だから。

古本屋は待っている

目録はつくっていなくても、インターネットで本を販売している古本屋はたくさんある。自分の店の名前を掲げてネットショップを運営している店もあれば、通販サイトに出品したり、ネットオークションに出したりしている店もある。古本屋の店員がパソコンに熱心に向かっていたら、出品作業をしているのかもしれない（ブログやSNSで店の宣伝をしていることも、遊んでいることもあるだろうけれど）。

出品作業はなかなか面倒なものだ。サイトによっては、タイトルや出版社名といった書誌データをすべて自分で入力しなければいけない。書きこみや乱丁など、本の状態も隅々まで確かめて書いておかないと、あとでクレームになる。さらに本の写真を載せたり、内容を紹介したり、あらかじめ送料を調べたり、かなり手間がかかる。

私は自分のネットショップはつくっておらず、大手の通販サイトとネットオークションを利用している（注：その後、新たに通販サイトを立ちあげた。六章をお読みください）。店で売りにくい本を出品するくらいで、あまり熱心にはやっていない。はたして買う人がいるのかわからない本について、文字を打ちこんだり写真を撮ったりすることが、どうしても徒労のように感じられてしまう。だれも読まないかもしれない文章を書いているようで。そんなことを言っていたら古本屋などできないのだけれど、本を店に出すのとネットに出品するのとでは、労力がだいぶ違う。

ただし、珍しい沖縄本が入ってきたときは、気合を入れて登録する。古い雑誌や展覧会の図録、個人の手記には、ほかの古本屋が出品していないもの、さらには沖縄の図書館も所蔵していないものが少なくない。もしかしてこの本を探している人がいるかもしれないという使命感に駆られて出品する。

先日、通販サイトから注文をくださったかたからのメールに、

「これは亡くなった祖父の本です。まさかいまになって出会えるとは思いませんでした」

と書かれていた。店を始めたころに出品したまま、ずっと倉庫にあった本だった。

古本屋はいつかだれかがこの本を買いにきてくれるのを待っている。黙って待つだけでなく、「ここにあります」と声をあげるのも必要なことだから、インターネットでの販売にも地道に取り組みたい。

本が入りこむとき

人の家に行くと、本棚を見てしまう。小説や漫画、雑誌に専門書。一冊見るごとに

相手の印象が更新されていく。英会話のテキストと簿記の参考書ばかりだと思ったら、いきなり珍しい写真集がまぎれていたり、私がずっと欲しかった本があったり。本棚のない家でも、本を探してあちこちに目をこらす。床に何冊か積んである本、台所の戸棚にそっと立っている本。本棚を持たない人の生活に入りこんだのはどんな本なのか、興味をそそられる。

私が本屋だと知ると、

「本は読まないんだよね」

と、きまり悪そうにうちあけてくる人がいる。それでも、ある日ふと店に現れて

「甥っ子に絵本をあげたいんだけど」

と相談してきたり、

「人にすすめられた本を読みたいのに、絶版みたいで。どうしたらいいのかな」

と電話をかけてきたりして、この人にも本が食いこんできたんだとうれしくなる。そこで私を思いだしてくれたことも、うれしい。

本はどんな人にも関わってくる可能性がある。旅行ガイド、料理のレシピ、資格試験のテキスト。なにか新しいことを始めようと思ったとき、まずは本屋に行ってみるという人も多いのではないだろうか。

インターネットで検索すれば情報はたくさん出てくるけれど、どれを見たらいいのか、なにを信じればいいのかわからないこともある。本屋に行けば、だれかによって編集されたひとつのまとまりとしての本が並んでいる。どれか一冊読んでみると、自分に必要な情報はなにか、はっきり見えてくるだろう。

また、本が好きな人には本の話をしたり、すすめたりするのが好きな人が多い。もし知りたいことがあれば、まわりに「こんな本が欲しい」と伝えてみるといいかもしれない。きっとだれかが「これがいいよ」と、よろこんで教えてくれるだろう。

本と人のあいだに立って

アマゾンをはじめとするネット書店は、ますます勢いを増している。本屋はいまや「リアル書店」と呼ばれることもある。薬も洋服もネットで買えるのに、「リアル薬局」「リアル洋服屋」とは呼ばない。書店業界ではネットがあまりに台頭しているため、わざわざ「リアル」と言わなければいけないのだ。

なぜ人は「リアル書店」から遠ざかるのか。小さい本屋は在庫が少なくて欲しい本を置いていないし、大きな書店は在庫が多すぎて欲しい本が探しにくい。本はあまりに種類が多く、人の需要や趣味もそれぞれに違っているので、すべての人が満足できるちょうどいい大きさの本屋というのは、残念ながらない。

「欲しい本を探すだけならネット書店のほうが便利だけど、リアル書店で棚を見ていると、知らなかった本がたくさん見つかる。それが楽しい」

という声はよく聞く。探している本は特になくても、本屋に入って歩きまわっていると、思いがけない本やフェアに出会えることがある。ネット書店で目的の本を検索するのは簡単でも、あてもなくおもしろい本を見つけるのは難しいかもしれない。

また、店の人に問合せをして一緒に本を探してもらったり、おすすめを教えてもらったりできるのは、リアル書店ならでは。本屋に行って本を見て、だれとも話さずに店を出たとしても、棚を通じて店の人と関わっている。本屋に並ぶ本はすべて、そこで働く人が一冊一冊手にとって並べたものだからだ。

本屋の人はただレジを打っているだけではない。それこそ「リアル書店員」としていつも売場に立ち、入ってくる本と出ていく本を触っている。毎日たくさんのお客さんの問合せに答え、出版社からは本に関するいろいろな情報をもらっている。「カリスマ書店員」や「本のソムリエ」のように、相手に合った本を提案できるような人は少ないかもしれない。でも、たとえば先週テレビで紹介されて売り切れた本が次に入るのはいつか、棚にある空手の本で一番売れているのはどれか、といった現場の話は、その本屋の人だけが知っている。自分では知らなくても、知っている別の店員を知っていたり、調べかたを知っていたりする。

二〇〇二年、私が入社した書店には、売場にインターネットの使えるパソコンはなかった。社内専用の検索ソフトを使っていたものの、キーワード検索はできず、タイトルを最初から入力しなければデータが出なかった。どうしてもうまく調べられないときだけ事務所に走って、インターネットを使った。

そのころ、そしてそれ以前の書店員は、いまよりもっと調べる技術を身につけていた。お客さんに聞かれた本が店にあるか、どの棚にあるか、なければ取り寄せられるかどうかを、本と人を駆使して調べた。『日本書籍総目録』という広辞苑のように分厚い本を使ったり、出版社や図書館など、なにか教えてくれそうなところに片っぱしから電話で問い合わせたりして、自分で情報をつないでいった。

また、お客さんにとっても、本屋に足を運ぶ意義はいま以上にあっただろう。最近どんな新刊が出たかを知るには売場を見るしかなかったし、書誌データの検索も書店や図書館の検索機を使わなければできなかった。本の在庫のほかにも、本屋にしかないものがあった。

いまや、だれでもどこでも、いろいろなサイトで本の情報を検索することができる。

書店や図書館もデータベースを公開している。状況が変わっても、本屋で働く人がお客さんの求める本を全力で探すことに変わりはない。そして、棚に本を黙々と並べながら、売れ筋やおすすめ、注目すべきテーマをお客さんに伝えようとしている。

本屋には本があるだけでなく、人がいる。本屋がただの倉庫にならないよう、店員がただの検索機にならないよう、本屋の人はそれぞれに工夫している。

本屋に行ったら、ゆっくり店のなかを歩いてみてほしい。知りたいことがあったら、店の人に聞いてみてほしい。なにか発見があるかもしれない。お客さんが店を楽しんでくれて、そのうえで本を買ってくれるのが、本屋で働く人にとっては一番のよろこびになる。

〈コラム〉　サッちゃん

週に一度は店に来て、

「こんにちは。ハルキある？」

とあいさつのようにたずねられる。中学校の国語の先生をしていたという、おそらく八十代のおばあさん。柄ものの洋服や巻きものを重ねて、しっかりした足どりで歩いてくる。

「村上春樹は、いまエッセイしかないですね」

「いいよ。ハルキはなんでもおもしろいから」

市場に毎週来るのは昔から続けている琉球舞踊の教室が近くにあるからだと聞かされて、びっくりした。いつも本や新聞の話をしていて、私にとってはまさに国語の先生なので、踊っているところが想像できない。

ハルキがない日は、

「ほかにおすすめは？」

とたずねられる。ぱっと出して、納得すればすぐに買ってくれるし、だめなら見向きもされない。こちらが説明するひまも与えられない。たくさんの本を見てきたから表紙だけでわかるのだ。テストを受けているようで、いらっしゃるたびにあわてて棚を見る。

このまえ、ある恋愛小説をすすめてみた。三十八歳の女の人と高校時代の国語の先生が居酒屋で再会し、三十歳の年の差がありながら、季節を重ねるうちにお互いを慈しむようになっていく。大人の恋、国語の先生というところに興味をもたれるかと思ったのだ。

本を見せながらあらすじを話しかけると、すぐに

「少女っぽくて物足りない」

と、さえぎられた。

「もう大人だから」

大人の恋愛小説のはずなのだけれど。でもそうか、八十代の女性から見たら、三十八歳の恋なんて子どもっぽいのか。

本を棚に戻していると、手さげからひと房のバナナを取りだされた。

「島のバナナ。とってもおいしいんだけど立派すぎるから、半分ずつにしよう」

一本もぎとって皮を途中までむくと、折って渡してくれた。小さな手。

「これじゃ『サッちゃん』ですね」

「は？」

音楽の授業で習わなかったのだろうか。それとも、この歌ができたときも、もう大人だったのか。五十歳上の人と一緒に少女に戻ったようで、どぎまぎしながら食べた。

四章――店番中のひとりごと

ひとり出版社とひとり本屋

新刊書店に勤めていたとき、書店のＰＲ誌の編集係になり、出版社の取材記事を書くことになった。

取材したい出版社を自分で選ぶように言われて、真っ先に思いついたのは岩田書院だった。岩田書院は歴史・民俗の専門出版社で、大学生向けのテキストや函入りの論文集、史料集や雑誌などを出している。ある日、

「ここは岩田博さんがひとりでやっている出版社なんだよ」

と上司に教えられて驚いた。

出版社を、ひとりでやる。編集も印刷も、営業も配送も、集金も返品も自分で？　それでいて、新刊は年に五十点前後も出されている。いったいどうやっているのか、まったく想像がつかない。いつかお話をうかがってみたいと思っていた。

取材をお願いすると、快く引き受けてくださった。あとで上司に報告したら、

「あんな忙しい人に時間をとらせるなんて」

と苦い顔をされた。社会人になって二年めの私には、ひとりで仕事をすることの厳しさがわかっていなかった。

夏の日の午後、お菓子を持って事務所を訪ねた。事務所はマンションの一室で、外の廊下まで本や書類が積み上げられている。岩田さんが笑顔で迎えてくださった。

ひとり出版社といってもなんでもひとりでやっているわけではない、というお話から始まった。文章の校正は別の人に頼むし、印刷・製本は専門の会社に出して、出庫作業は倉庫会社にまかせ、流通や精算には取次を使う。自分はどこになにを依頼するかを振り分けているだけだと。聞いてみるとあたりまえのことだ。大きな出版社でも、いま挙げたような仕事は岩田さんと同じように外注しているところがほとんどだろう。

「でも、本の企画は基本的にご自分でされているわけですよね。どうしてそんなにアイデアが浮かぶんですか」

「企画はぼくがひとりで考えるより、著者から持ちこまれたり、だれかから紹介されたりしたものが多いです。ぼくはもともと歴史・民俗系の出版社で働いていたので、研究者の人たちとつきあいがありましたし、学会に本を販売しにいくこともありました。そうして知りあった人たちに、いま、岩田書院の目録や新刊案内を送っています。そうすると、関心のある人は確実に注文をくれます。自分が本を出そうと思ったときも、岩田書院に声をかけてくれるわけです」

読者が著者になる、ということが専門書の世界ではよく起こる。本というのは有名な人やえらい人や、昔の人や遠い国の人が書くものだと思っていた私には、このこと自体が驚きだった。岩田さんは研究者たちのあいだに入りこんで、読者に本を売るだけでなく、読者を著者にする仕事をしている。

売れる数は学会の会員数から計算できるし、たとえ定価が二万円でも絶対に買う人が二百人いれば出せる、といった話はとても新鮮に聞こえた。出すまえから読者が決まっていて、その人たちのためにつくる本があるのだ。

「利益が薄くて他社では出せない本も、岩田書院なら出せます。大きな出版社なら社員に給料を払わなきゃいけないから、それに見合うだけの売上が必要ですが、なにしろぼくはひとりなので。ひとりだからこそ採算がとれる仕事、出せる本があるんです」

会社が大きいほどできる仕事も多い、とぼんやり思いこんでいた私に、「ひとりだからこそ」という言葉は強い印象を残した。

それから十年くらいたって自分の本屋を始めるとき、当然のように「ひとり本屋」になった。ひとりならどうなってもいいから、というのが一番の理由だった。利益が少なくても、赤字でも、困るのは自分だけ。人を巻きこむ勇気はなかった。

その一方で、岩田さんの「ひとりだからこそ」という言葉がずっと響いていた。ひとりだからこそ、店が狭くてもできる。利益のためでなく扱える本がある。なんでも自分で決められる。すべての人に自分で対応できる。「ひとり」はネガティブなことではないと思えた。

ひとりでやっている出版社は、実は昔からいくつもあった。ここ数年は特に、ひとりで個性的な出版を手がける若い人が増えてきて、「ひとり出版社」が注目されるようになった。各々の出したい本を造本にも気を配って大切につくり、流通の方法も工夫している。そんなひとり出版社の本を、私の店にもいくつか並べさせてもらっている。

本が売れたら、こんな人が買ってくれました、こんな感想を聞かせてくれましたと、お客さんの様子をできるだけ出版社の人に伝える。大きな本屋で働いていると、一冊の本やひとりのお客さんに向きあうことはなかなかできない。店で起きるすべてのことを見られるのは、ひとり本屋ならでは。売れる本の数が少ないかわりに、お客さんの声をつくっている人に届けたい。

メールで注文をすると、本人から返事が来て、みずから梱包も発送もしてくれて、伝票も手書きで。ひとり対ひとりの静かなやりとり。遠くに仲間がいるようで、特に励ましあわなくても、いつも励まされている。

看板は名刺

店を始めてしばらくは、古本屋を名乗るのがはばかられた。まったくの未経験でいきなり始めてしまい、自分でも何者なのか疑わしかったから。でも、店では確かに古本を売っていて、看板にも「古本屋」と書いてあるのだから、だれが見ても古本屋だ。品揃えが物足りなくても値づけが多少おかしくても、ここは古本屋で、私は古本屋の店主だ。先にかたちをつくって、あとから中身を育てているような感じだった。

毎日同じ場所に行って、同じ時間に店を開ける。一番の基本でも続けるのは大変で、これをくり返すだけでも意味があるのだと、店をやってみてわかった。

まわりのお店の人は、ある日突然やって来て古本屋を始めた私を見て、「この子、大丈夫かねえ」と訝しんだかもしれない。それでも、毎日シャッターを開けて夜まで座っているのを見るうちに、「本気なんだね」と、ひとまずは認めてくれたような気がする。店で過ごした時間が長くなるにつれて、だんだん店主らしくなっていったのではないだろうか。

住所と連絡先を公開し、何曜日の何時から何時までいますと宣言して、逃げも隠れもせずに座っている。店をやっていればあたりまえとはいえ、なかなか勇気がいる。

不特定多数に向けて店を宣伝するのが、ふとこわくなったりもした。

もちろん、うれしい出会いも数えきれないくらいあった。たまたま通りかかった人、なにかで知って来てくれた人、ひさしぶりの友だち。自分から人に声をかけるのが苦手な私にとって、店を開けていれば人が来てくれるという環境はありがたい。

それでも、たまには外に出たくなる。コーヒー屋がイベントでコーヒーをいれたとか、美容師が離島に出張して髪を切ったとかいう話を聞くたびに、いいなあと思った。私は店の外に出たらなにもできない。手に職があればどこでも仕事ができるのに。また、デザイナーがお菓子のパッケージをつくったり、詩人が曲に詞をつけたりするのもうらやましく眺めていた。技術を生かして別の業種の人とつながり、一緒に仕事ができるなんて。ふだんひとりで仕事をしているだけに、切実にあこがれた。

店を続けるうちに、少しずついろいろな仕事ができるようになっていった。カフェに古本を卸し、古本市に出店するなど、店の外で本を売る機会に恵まれた。イベントのために本を準備するのは重労働でも、やっただけの実りはある。当日はほかの店の人やいつもと違うお客さんに会えて刺激を受けられるし、別の業種や別の古本屋の人が商品をどう並べてどう売るのか、見ているだけでおもしろい。

店で絵や写真の展示をしたり、演奏をしてもらったりする機会もあった。ほとんどが知り合いだけれど、なかには私が一方的にファンだった人もいる。たとえばミュージシャンの石川浩司さんが沖縄にライブをしに来ると知って連絡をとってみたら、ちょうど本も出版するところで、私の店でサイン会をしてもらえた。本は作家だけでなく、さまざまな分野の人が出すものだから、本屋の私が関わることができた。本屋はどんな人とも一緒に仕事ができる可能性がある。

自分の店は狭すぎるので、近所の店でイベントをさせてもらうこともある。ほかの店の人と協力して一緒にイベントをつくっていけるのは、とても心強い。

私自身にも、コラムの執筆、トークイベントへの出演など、予想もしないような仕事が舞いこんできた。最初のうちは、

「私には無理です、そんな器じゃないです」

と、尻ごみしていた。でも、相手の興味は私個人というより、この店に向けられているのだと気がついた。店の狭さや、市場の向かいという立地や、棚にある沖縄の本や。それなら店の広報活動としてやってみるのもいいかな、と思った。ただの私にはできないことも、店のためだと思うとできそうな気がしてくるから不思議だ。古本屋の肩書きが、仕事の幅を広げてくれた。

新刊書店は古本屋が嫌い？

新刊書店を辞めることを、東京の書店の元同僚や出版社の人たちにはメールで伝えた。そこに「古本屋を始めます」と書くのが、少しためらわれた。

「本を扱う仕事なので、これからもどうぞよろしくお願いします」

と書きながらも、

「裏切り者！」

と責める声が聞こえたような気がした。

新刊書店の人は古本屋が嫌いでしょう、と言われたことがある。一概にそうだとはもちろん言えないものの、そんな人もいるかもしれないと思ったので、ためらったわけだ。敵対しうる場面も確かにあるから。

新刊書店は確固たる流通システムによって、仕入れのルートも価格も完全に決められている。そこからすれば、どこから仕入れたのかわからない本を自由な価格で売る古本屋は、うさんくさく見えることがあるかもしれない。

仕入れ目的で新刊書店を利用する古本屋もときどきいる。新刊書店のサイン会でお客さんとしてサインをもらい、「著者サイン本」としてプレミアをつけて売ったり、限定販売の本をまとめ買いしてあとで高く売ったり。新刊書店はお客さんによろこんでほしくてやっているのに、古本屋が買い占めてしまったら顰蹙を買う。

また、定価より安く売られる古本が、新刊の売上を奪うこともある。インターネットで本を探すのが簡単になり、本を買うとき新刊書店に行くより先に検索する人が増えた。そこで新刊よりも安い古本を見つけたら、どちらを選ぶか。以前なら新刊を買っていたはずの人が、古本を買うようになった。

新刊として流通している本を古本屋が扱うことで、利害がぶつかる。この点においては、「新刊書店は古本屋が嫌い」と言えるのかもしれない。悲しいことだけれど。

ただし、これはごく一部の本の話だ。いま地球上にある本のなかで、日本の新刊書店に流通している本はどれくらいあるだろうか。新刊の流通からこぼれ落ちた本を扱えるのが古本屋だ。どんなに珍しい本でも、古い本でも、入ってくる確率はゼロではない。明日、買取に行った家にあるかもしれないし、次の業者の市に出品されるかもしれない。

絶版の本や非売品などについて、新刊書店は古本屋を頼りにしている。新刊書店では扱えない本を探しているお客さんがいたら、

「古本屋で買えるかもしれません」

と伝える。どの店にあるかはわからない（そこまで調べて伝えることもある）。でも、どこかの古本屋にはあるだろう、古本屋の横のつながりで見つけられるだろう、と信頼しているのだ。新刊書店にできないことが、古本屋にはできる。

新刊書店で働く人には、本と本屋が好きな人が多い。たとえ商売敵であるとしても、古本屋をお客さんとして楽しんでいる書店員はたくさんいる。私もよく同僚と古本屋めぐりをした。古本屋の棚づくりや品揃えは新刊書店とは比較にならないほどに個性的で、刺激を受けた。

最近は新刊書店に古本のコーナーがあったり、期間限定で古本フェアを開催したりすることも珍しくない。また、福岡の「ブックオカ」、沖縄の「ブックパーリー OKINAWA」など、町をあげての大がかりなブックイベントが各地で催されている。ここでは町の新刊書店や古本屋、出版社などが協力してイベントをつくりあげている。

お客さんが新刊書店と古本屋を行き来するように、新刊書店と古本屋の人たちも、以前より隔てなくつきあえるようになってきたように感じる。本屋どうし補いあっていけたらうれしい。

頼れる図書館

本の売買を生業にする人にとって、図書館とはどんな存在なのだろうか。

図書館ではだれでも無料で本が読めて、コピーもでき、借りて帰ることもできる。これほどの商売敵はいないとも言えるし、営利目的でないからこそ、いろいろな面で出版業界を支えてくれているとも言える。

私にとって図書館は、絶版になった本を所蔵してくれている、どこよりも頼りになる存在だ。古本屋のように売り切らすこともなく、ずっと持ちつづけてくれる。お客さんの探している本が手に入らないとき、最後の決まり文句は「図書館でご覧ください」。

インターネットで蔵書検索ができるのもありがたい。どの図書館で所蔵しているかを調べるだけではなく、本の基本情報を知るためにも使える。書誌データ（著者、発行年、ページ数など）が正確だし、探している本の大きさが知りたいときにも便利だ。

特に国会図書館には、日本で発行されたほとんどすべての出版物が納本されている。書店で扱いのない図録や学会誌、政府刊行物なども集めているので、どこよりもデータが充実している。

　そして、なにより心強いのが、図書館司書のレファレンス能力だ。「レファレンス」とは、図書館員が資料を使って、利用者の探しものや調べものを手伝うことである。

　書店の問合せでは、特定の本の在庫の有無を調べたり、お客さんが探しているジャンルの棚にご案内したりする。最大の目的は、本を買ってもらうこと。その本からなにを読みとるか、どうやって調べるかはお客さんにまかせて、立ち入らない。

　図書館のレファレンスでは、利用者の知りたいことについて何冊もの本を参照しながら情報を集める。その過程を利用者に見せて、調べかたまで教えるのだ。

『レファレンスと図書館　ある図書館司書の日記』（大串夏身、皓星社）に、一九八〇年代のレファレンスサービスのことが日誌ふうに書かれている。パソコンがまだ一般的ではない時代、書誌データは目録カードで管理されていた。司書はカードボックスに収められたカードを一枚ずつめくり、百科事典や図書目録を駆使し、本から本をたどって、過去のレファレンスの記録を見て、詳しい人に直接たずねたりしながら、あらゆるジャンルの質問に答える。インターネットがなくてもここまで調べられる、むしろ本からのほうがより深い情報を得られるということに感心した。書店員もこれだけ問合せに答えられればネット書店に負けないのに、とため息が出た。

　図書館は、書店に足りない部分を補ってくれる。書店の人は司書の仕事を参考にし、あこがれもする。ただ、書店と図書館にはやはり対立しうる面もある。たとえば、図書館のせいで本の売上が落ちているのではないか、と懸念する声があがっている。

ベストセラーの貸出予約が殺到すると、図書館は同じ本を何冊も購入して対応することがある。そうすると本を買わずに借りる人がますます増えて、結果として本の売上が落ちて印税が入らなくなる、と一部の作家が抗議した。

ベストセラーに限らず、本を買わずに図書館で借りたことはだれでもあるだろう。本当に図書館のせいで本の売上が落ちているならば、作家だけでなく、書店も出版社も損害を被っていることになる。図書館がなければ、みんなその本を買って読むのだろうか。そんなに単純な話ではないように私は思う。逆に、図書館があったから本を買うようになることのほうが多いのではないだろうか。

子どものころ、私にとって図書館は一番の遊び場だった。ひとりでも、何時間いても飽きなかった。最初は果てしなく読みたい本があったのに、一年も通うと終わりが見えてきたように感じ、でもふと別の作家やジャンルに目が向いて、新しい棚のまえに立ってまた読み始める。そのくり返しだった。

本屋に行くといつも読んでいる作家を探し、図書館になかった本を見つけて買ってもらったり、何度も借りた本をやっぱり手もとに置きたくて、思いきって自分で買ったりした。少ないおこづかいで全然知らない本を買う勇気はなかったので、図書館で知った本を手がかりにした。図書館がなかったら、どの本を買えばいいのかわからなかっただろう。

図書館のおかげで、だれもが本に触れることができる。子どもも学生も、お金のない人も。図書館がなければ本は生活から遠ざかり、本を買う人も減るように思う。出版社にとっては、全国の図書館は本を確実に購入してくれる大事な顧客でもある。高額な専門書には、最初から個人での購入を想定していないものさえある。図書館が存在するからこそ出せる本があるのだ。

本を通じて人の役に立ちたいという気持ちは、書店も図書館もきっと同じだろう。それぞれの立場から本を届けていけば、お互いにいい影響があると信じたい。

再販制って知っていますか？

「沖縄は物価が安いから生活費もかからないんでしょう」

県外の人と話していると、ときどきそんなふうに言われて、うーん、と口ごもってしまう。

確かに、市場のお惣菜屋さんがつくるお弁当や、県内でとれたオクラやゴーヤーなど、「地産地消」のものは安い。でも、県外から運ばれてくるリンゴやジャガイモなど、食品はだいたい東京のスーパーより高い。特に離島の売店に行くと、お菓子や調味料に目を疑うような値段がついている。輸送費がかかるためだ。

通販でなにか買おうとするたびに、「送料無料　ただし、沖縄・離島を除く」というフレーズに泣かされる。「一律二千円」などと書かれると、工夫すれば安く送れる方法もあるのになあ、と悲しくなる。

でも、書店に並ぶ本は送料が上乗せされることもなく、同じ値段だ。店にない本を出版社から取り寄せてもらっても、手数料はかからない。

東京から沖縄本島まで船で運ぶので、新刊は発売日より約四日遅れて入荷する。飛行機なら二日で届くけれど、輸送費が高いからやむをえない。とにかく定価だけは守ってくれている書籍の流通のしくみを、ありがたいと思った。

「再販制」という言葉をご存じだろうか。正確には「再販売価格維持制度」。ふつう、商品の値段は小売店が自由に決められる。独占禁止法は価格の拘束を禁止しているものの、書籍・雑誌・新聞・音楽ソフトなど、特定の品目は例外となっている。個々の本の価格を決めるのは出版社だ。

再販制があるから、本はいつどこで買っても同じ値段だ。都心の大型書店でも地方の小さな書店でも変わらないので、お客さんは安心して本を買うことができる。

東京の新刊書店で働いているときはあたりまえだと思っていた制度も、沖縄で古本屋を始めてみると、また違って見えてきた。日本の出版のありかたを決めてきた再販制について、あらためて考えてみた。

そもそも、どうして本は独占禁止法の対象から外されているのだろうか。「本は文化なので価格競争はそぐわない」というのが理由らしい。わかるような、わからないような。本や新聞や音楽だけでなく、洋服も家具も食べ物もみんな「文化」だと思うのだけれど。ただ、本は「とりかえがきかない」という点で、もしかしたら特別なのかもしれない。

白いシャツも、まるいテーブルも、いろいろなメーカーがつくっている。欲しい器が高くて買えなければ、似たようなデザインの安い器を探してもいい。ほうれん草が売り切れていたら、小松菜を買ってもいいかもしれない。

でも、プラトンを読む宿題が出たのに、ソクラテスで代わりにするわけにはいかない。推理小説の上巻が見つからないとき、下巻から読むわけにもいかない。みんな同じように見えてもとりかえがきかないのが、本だ（実用書や参考書など、ある程度はほかの本で代用できるものもある。また、本当にすべての本が唯一無二で存在を守るべきだと言うのなら、本を絶版にしてはいけないと思うのだが、どうだろう)。

日本のどこでも、同じ本が同じ値段で買える。これはすごいしくみなのだと、沖縄に来て思い知った。ただ、それがなによりも大事なことなのかと考えると、よくわからなくなる。

店が商品の価格を自由に決められないため、書店の商売のしかたはかなり制限されている。セールをして人を呼びこむこともできないし、なんらかの理由で返品できなくなった本を値下げして処分することもできない。また、一冊仕入れても百冊仕入れても卸値は同じ。価格で競えない以上、立地や店の広さ、棚づくりや品揃え、接客などで勝負するしかない。

再販制をなくしたらどうか、という声は以前から業界の内外で上がっている。古いルールに縛られているせいで出版業界はだめになった、などと言われることもある。再販制は、取次を通した委託販売制(書店が本を返品できる制度)とも強く結びついている。このふたつの制度をなくすと、本の流通はいまとはまったく違ったものになるだろう。

注文した本はすべて買切りで、出版社から書店に卸す掛率はいまより低く、書店が値下げして売るのも自由。取次を通さず、出版社と書店が直取引することもできる。

そうなったら、書店の棚はどんなふうに変わるだろうか。それにつれて、出版社の出す本も変わっていくのだろうか。

日本の出版流通は、雑誌をベースにして発達したそうだ。雑誌を運ぶ便に書籍も載せることで、全国への流通網ができていった。

小さな書店ほど、店の売上に占める雑誌の割合が大きいという。しかし、雑誌の売上はこの二十年でほとんど半減している。また、コンビニでも雑誌が買えるようになり、さらにはインターネットで膨大な情報を得られるようになって、雑誌を求めて書店に来る人は減った。このため、小さな書店は経営が立ちゆかなくなり、次々に店を閉めている。雑誌を主体とした書店が成り立たなくなっているのなら、雑誌とともに発展した流通のしくみも、もしかしたら変えるときなのかもしれない。

再販制がなくなると、特に話題書は値下げ競争が激しくなり、力の強い大型書店が独占的に売るようになっていくだろう。小さな店はその店独自の売れ筋をつくり、地道に売っていくしかない。

いますでに、ベストセラーは大型書店やネット書店に奪われ、小さな書店にはまわってこない状況になっている。雑誌やベストセラーを売るだけではない書店のかたちを、書店で働く人たちは模索している。

買切りでもいまより卸値が低くなれば、利益を上げられる可能性が出てくるかもしれない。取次を通さず直接送ってもらうなら、入荷が早くなる。

実は、すでにあちこちで、これまでとは違う流通の方法が試されている。取次を通さず書店と直取引をしている出版社が増えているし、一部の本を買切りにして、かわりに卸値を下げる試みもある。業界全体から見ればごく小さな動きではあっても、少しずつ新しい流れが始まっている。

私の店は古本屋なので、新刊は出版社との直取引で仕入れている。本の掛率や送料の負担、精算のタイミングについて各々と相談し、定期的に連絡をとりあっている。個別に交渉するのは手間だけれど、お互いにとってよい方法を本屋と出版社が一緒に考えるのは、決して無駄な作業ではない。もちろん、何百何千という出版社を相手にするとなったらやはり限界があるのだけれど。

再販制が一九五三年に制定されてから、もう七十年近くたつ。それによって守られてきたものも縛られてきたものも、はかり知れない。廃止すべきだとは言えないけれど、ずっとこのままでいられるとも思えない。

私は小さな古本屋としていろいろな方法を考えて、出版社のみなさんと試していきたい。

そのとき、古本屋は

再販制がなくなったらどうなるのか。自分ではとても想像しきれないので、出版社の人にも聞いてみた。沖縄の出版社の編集者は、

「絶対になくしたらだめだ」

と口調を荒らげた。地方の小さな出版社はただでさえ県外への流通に苦労しているのに、自由な価格にして買切りで卸すようなことになれば、自社の本を置いてくれる書店はなくなってしまう。

「県外はそうかもしれないけれど、県内の書店は大丈夫じゃないですか」

「そんなことはない。買切りになったら本当に売れそうなものしか仕入れてくれなくなるよ。それに、書店から出版社に対する買い叩きも起こると思う。あの出版社は掛率何パーセントで卸してくれたとか、安くしてくれなきゃ買わないとか言われたら、お手上げでしょう。とにかく、小さい出版社はますます追いこまれるはず」

かなり悲観的だ。沖縄の別の出版社の社長は、

「どうだろうね、そんなに変わらないと思うよ」

と、のんきだった。

「ぼくのところはもともと限られた書店としか取引していないし、本の値段がいくらでも、必要な人は買うでしょう」

書店の人や読者の顔が見える出版社であれば、制度が変わっても大きな影響はないのかもしれない。でも、いま日本の出版社の大半は、自社の本がどの店に置かれているのか、どんな人が買っているのか、詳細にわたっては把握していないはずだ。と書くと悪いことのようだけれど、逆に言えば、本が出版社の手を離れて全国あちこちの書店に並んでいるからこそ、お客さんは店頭でたくさんの本を見られる。本の流通をまとめてうけおう取次があるおかげで、書店はいちいち手続きをせずに、新しい出版社の本を仕入れられる。

再販制と委託販売制がなくなっても、書店はその出版社の本を仕入れ、お客さんは買ってくれるのか。出版社と書店、出版社と読者のあいだに、これまで以上に信頼関係が求められそうだ。

新刊書店と出版社にとっての再販制について考えていると、東京の出版社の人に、

「そのときの古本屋の役割というものがあるかもしれませんね」

と言われて、はっとした。再販制は、新刊書の流通システムに乗っていない古本屋には関係がないと思っていた。でも、新刊のシステムからこぼれたものを拾うのが古

本屋の仕事でもある。こぼれるものが変われば、古本屋もまた変わっていくかもしれない。

古本屋としてお客さんから本を買い取ったり、業者の市で出品を見たりすると、

「いまはこんな本は出版できないだろうな」

と感心することがよくある。みなが競うように本を買っては居間に並べた時代の、文学全集や百科事典。採算を度外視してつくられたような豪華本。かつての流行作家の本。アルバイトや映画館の情報誌も、いまはインターネットに取って代わられた。

本が出るのは、タイミングだ。著者が原稿を持ちこんだり、編集者が新しいテーマを思いついたりして企画が立ちあがり、イラストレーターや装丁家を探し、ページ数や刷り部数を決める。依頼を断られたり原稿が揃わなかったりすれば、本の完成はずれこんでいく。予定より何年も遅れて出た本も、結局は出なかった本も山ほどあるだろう。

本の内容もかたちも値段も、時期によって変わる。この本がこのかたちをしているのは、このときに出たからだ。ある本が「新装版」や「復刊」と銘うって再び出版されても、たとえば使われる紙などはもとの版とは変わっているかもしれない。

一九八九年に初めて消費税が導入されたとき、出版社は本の価格の表記を変えるた

め、カバーの刷りなおしやシール貼りを余儀なくされた。対応できない本が絶版にされたり、作業に追われて出版社の業務が滞ったりということもあったようだ。

再販制が廃止されたら、このときのように絶版になる本も、対処に苦労する出版社も出てくるだろう。また、本の価格設定も変わるだろう。

新刊書店に並んでいるのは、いまも営業を続けている出版社の、在庫のある本だけだ。制度が変われば出版社が変わり、本が変わり、新刊書店の棚も変わる。

古本屋には、かつて出た本のすべてが並びうる。消費税の導入前に出た本も再販制の廃止後に出た本も、一緒に置かれる。再販制に守られて出された本、再販制がなくなって絶版になった本があれば、それを置けるのは古本屋だけだ。

この先も再販制が残るとしても、電子書籍などいろいろな要因によって、そして時代の変化によって、出版社の出す本のありようは変わりつづけるだろう。古本屋に並ぶ本も、もともとは新刊なので、新刊が変われば古本屋の棚もいずれは変わる。それでも、すべてが一度に入れ替わるわけではない。

古本屋は、制度も時間も場所も超えて本を集める。発売後すぐ回収された本も、少部数の限定販売だった本も、どこかの古本屋にはあるかもしれない。変化していく世界のなかで、ひととき時間をせきとめるような、不思議な空間だ。

〈コラム〉　心がけ

休みの日、近所の古本屋に行く。先輩業者に相談したいことがあった。食事どきを避けるつもりで十三時すぎに引き戸を開けたら、帳場の奥で人がむくりと起きあがった。胸に毛布がかかっている。

「すみません、お休みのところを」

食事どきの次は昼寝どきだった。

「いやいや、どうぞ入って」

番台の裏にテーブルとソファがあり、テーブルの上にござが敷かれ、その上に座椅子が載っている。ここで眠っていたのだ。

店主は座椅子とござを片づけてコーヒーをいれ、お茶うけに黒糖も出してくれた。飲んでいると、引き戸が開いた。

「あれ、宇田さん」

私の店にもよく来てくれるお客さんだった。

「こんにちは」

「なんだ、まちがえてウララに来たかと思ったよ。今日は休みね」

「はい」

お客さんは囲碁の棚を熱心に見はじめた。また引き戸が開く。重そうなふろしき包みを抱えた人が入ってくる。

「買ってくれるか。いい本たくさんあるよ」

番台でふろしきを広げ、本を並べていく。店主が向かいに立つ。

「これ、門中《もんちゅう》の本」

「はい、門中の」

門中とは、同じ先祖を持つ父系の血縁集団のこと。共同の墓を持ち、集まって祖先を供養する。

「こっちは太平洋戦争。まったく手つかず、一ページもあけてない」

読んでいないことを自慢している。

「これでいくらになる」

「二千円だね」

「じゃあ、こっちは。城だ」

「五百円」

「このへんは文庫。たいしたことないか」

「百円」

息のあったやりとりに見とれる。すらすらと値づけして、きれいに払った。

みんな帰ったあと、先週お客さんの家に買取に行った話をする。いい本がたくさんあったのだけれど、運びきれずに半分残してきてしまった。掛軸も買ってほしいと言われ、困ってしまった。店主はうんうんと熱心に聞いてくれる。

「『伊波普猷《いはふゆう》全集』もあったの、それはよかったさ。このごろはなかなか売れないけれど、店に絶対に必要な本だよ」

伊波普猷は、一八七六年に那覇で生まれた。琉球王国が沖縄県として日本に編入される三年前である。沖縄の歴史・民俗・文化を研究して、激動の時代を生きる沖縄の人の心を支えた功績から、沖縄学の父と呼ばれる。その全集が、沖縄の出版社でなく東京の平凡社から出たのは感慨深かった、とだれかが言っていた。

「じゃあ、車に積みきれなかったぶんは来週一緒に取りにいこう、手伝うよ。掛軸はぼくにまかせて。そうそう、ほうきとちりとりとゴミ袋を持っていって、最後に掃除しようね。そこまですればお客さんもよろこぶわけよ」

電話が鳴った。

「もしもし。はい。あ、ありますよ。『伊波普猷全集』、全十一巻ですね。はい。値段は、そうですね。来てくだされば、勉強します」

耳を疑った。「なかなか売れない」って言ったばかりじゃないか。なんという引きの強さだろう。

電話を切り、振り向いた店主は満足げに笑って、

「なんでも心がけだよ、宇田さん」

と言った。

五章——町の本を町で売る

商店街のなかの本屋

あなたの家の近くに商店街はありますか。次のような店は揃っていますか。八百屋、果物屋、肉屋、魚屋、お菓子屋、お茶屋、酒屋、食堂、喫茶店、居酒屋、薬局、洋服屋、クリーニング屋、靴屋、傘屋、金物屋、雑貨屋、文房具屋、CD屋、本屋。

もしかすると本屋はないかもしれない。毎年、新刊書店の数は減りつづけている。一方で、かつてなら考えられなかった規模の超大型書店がいくつもできた。駅ビルやデパートの中、ターミナル駅の近く、さらに郊外のショッピングモールには、チェーン店が次々と出店している。その影響もあり、また店主の高齢化などもあって、町の小さな書店は姿を消している。家から歩いていける距離に本屋がない人も多いのではないだろうか。

私の店は「市場中央通り」という商店街にある。国際通りや平和通りといったほかの商店街にもつながっていて、あいだの路地まで人と店がひしめいている。商店街で本屋をやる楽しさのひとつは、本を買うつもりのなかった人に本を売れるところだ。

大きな書店で働いていたとき、目のまえにいるお客さんはみんな「本屋のお客さん」だった。立ち読みでもひまつぶしでも、棚のあいだを歩いている人は「本屋に行こう」「本を見よう」と思って店に入ってきている。

いま、私の店にはとびらがなく、通りに開かれている。はじめから本をめあてに来る人などめったにいない。なじみの肉屋に毎週買いものに来ている人、おみやげを探す観光客、家に帰る人。そんなたまたま通った人がふと路上に並んだ本に目をとめて、「あれ、本がある。本屋がある」と、本を手にとったり、店内に入ってきたりする。そんなとき、人の暮らしに本が入りこむ瞬間を見たようでワクワクする。

もしかすると、お客さんはそれが本であることにも気がついていないかもしれない。やきものを買うつもりで歩いていたら壺屋焼《つぼややき》の本を見つけたとか、豚肉を買った帰りに料理の本も買ったとかいう人もいるだろう。お皿や肉と同じように本を買うことがありうる。

本屋で長く働いていると、世の中には本しか売っていないような錯覚にときどき陥る。陶芸フェアか料理フェアをやろうと考えているとき、頭のなかは本でいっぱいになって、お皿や魚のことは忘れてしまう。

お皿もあって魚もあって、本もある。あたりまえのはずなのにふと見えなくなってしまうことが、商店街で本屋をやっているとまた見えてくる。

町でお金をまわす

ときどき知り合いに聞かれることがある。

「この本が欲しいんだけど、ウララに注文したら少しは利益になる？」

近くの新刊書店に売っているのに、わざわざ声をかけてくれるのだ。気にしてくれているんだなあ、とじーんとする。

自分で店を始めてから、買いものをする場所が変わった。スーパーやチェーン店、または通販を使うより、できるだけ近くの商店で買うようになった。それまでも野菜は八百屋で、鍋は金物屋で買うのがいいと思ってはいたのが、さらに意識して小さな店に入るようになった。

個人商店の苦労がわかったから、というのが大きな理由だ。特に、店主が店番もしているような店では、目のまえでひとつ商品が売れることがどれほど励みになるか。私も、店を開けていて本の売れない時間が続くと「もうこの店はだめなのでは」とすぐに落ちこむけれど、そこで百円の本でも売れれば、「まだいけるかも」とひとまず息がつける。行列のできる店に並ぶより、お客さんの少ない店でお金を使ったほうが、同じお金でも使い甲斐がある。

店をやっている知り合いが増えたのも理由のひとつだ。少しでも売上に貢献できればという気持ちと、ちょっと顔を見にいくような気分で立ち寄る。時間があいたとき、だれかと話したいとき、人の家を訪ねるのは勇気がいるけれど、店であればいつでもだれでも入れてもらえる。

商店街で店を始めたおかげで、いろいろな業種の人と知り合えた。県外の人におみやげを持っていきたいとき、革の財布の手入れのしかたがわからないとき、「あの人に聞いてみよう」と思いだして、店に行く。そうして薦められたものを買ったり、情報を教えてくれたお礼に別のものを買ったり。本ではないものをどう仕入れてどう売るのか、そんな話を聞くのもおもしろい。

人の店でものを買って、次は相手が自分の店に来て買ってくれる。これをくり返していると、お金が行ったり来たりしているような、物々交換をしているような気分になってくる。私は本ばかり集めているけれど、パンも食べたいし、石鹼も欲しい。じゃあの人にひとつ換えてもらおう、というのが買いものの原点なのだと小学生のように納得する。

沖縄に住みはじめたころ、国際通りや市場に行っても歩いているのは観光客ばかりで、地元の人はどこにいるのだろうと不思議に思っていた。ある日曜日、初めてショッピングモールに行って、ああここにいたのかと納得した。家族連れや学生やカップルがあふれ、大変なにぎわいだった。

沖縄では、アメリカから返還された基地の跡地に次々と大きなショッピングモールができている。駐車場が無料で、洋服も雑貨も食品も買えて、食事もできて、映画もゲームもあって、一日中いられる。便利だけれど、どのショッピングモールにも同じテナントが入っていて、店や商品の選択肢は実は少ない。だから外の店にも行って買いものをする。なくなってほしくない店のために私ができるのは、買いものをすることだけだ。

お金のある人がまとめてつくった町は、きれいだけれど発見がない。抜け道やわき道で意外な店を見つけるのが楽しい。私の店がある市場中央通りのように。

コーヒーを飲んで休む。靴下を手に入れる。水道管を直してもらう。ジェットコースターに乗る。ピアノを習う。人に花を贈る。災害の復興を支援する。同じお金で、いろいろなことができる。欲しいものを買い、したいことをして終わりではなく、そのお金がだれのところに行くのか、その先はどんな使われかたをするのか、できるだけ考えて使いたい。

お金は便利

店を始めるにあたって、内装はほぼ前の古本屋のものを引継いだものの、いくつか変えたいところがあった。店の名前も変えるので、看板やショップカードは新しく用意しなければならない。どこに依頼すればいいかわからず、とりあえず近くの人に話してみると、

「私の知り合いがそういうの得意だよ」

と、それぞれに人を紹介してくれた。といってもみんな本業ではなく、報酬は決まっていない。いくら払えばいいのか聞いても、

「大丈夫、開店祝いだから気にしないで」

と言われるばかりだった。収入もなく、出費ばかりがかさむ時期だったので好意に甘えてしまい、しかしこの恩をどう返せばいいのか、と困りもした。

まずはみんなにつくってもらったこの店をちゃんと開けて長く続けて、いつか私が役に立てるときが来ればお手伝いしよう。そう決めたものの、いまだにそんな機会は訪れず、恩に着たままでいる。

もしお金を払っていたら、こんなふうには思わなかったかもしれない。当然の仕事

をしてもらったと考えたはずだ。だれかの力を堂々と借りるためにお金があるのだとよくわかった。お金で済ませなければ、ずっと感謝しつづけたり、あるいは引け目に感じたりして、関係や気持ちがいつまでも途切れないことになる。

お金はだれとでもコミュニケーションできる手段だ。言葉の通じない相手でも、数字を見せれば代金を払ってくれて、売買が成立する。

お金の話をするのは野暮だとか、お金は悪いものだと言わんばかりの風潮もあるけれど、店ではお金がやりとりの道具になる。商売の基本は、自分の商品と相手のお金を交換すること。この商品には何円の価値があると、相手に認めてもらえなければ成り立たない。逆に言えば、ものを買うということは、店主の仕事を評価したということだ。ものを選んで仕入れて、または自分でつくって、値段をつけて並べた、その一連の仕事を。

仕事への対価はお金を渡せばいいのだから、ある意味では簡単だ。仕事を離れた人間関係では、お金を払うべきなのか、お金で解決すべきではないのか、判断のつきかねる場面がある。なにかをしてもらうたびに、どうやってお返しするのか真剣に考えることになり、能力や人情を一から問われているような気がする。

ひとりで店を始めてから、人に助けられる場面が本当に増えた。まわりに迷惑をかけてはいけないと力んでいた私が人を頼れるようになったのは、むしろ進歩かもしれない。人と関わる方法が増えたということだから。なんでも自分でできるようになるよりも、きちんと恩を返せるようになりたい。

生計を立てる

会社を辞めて古本屋を始めるにあたり、不安なことは山のようにあった。ひとりで店番も仕入れも経理もして、時間に追われまくるのではないか。自営業も古本屋も初めてなのに、本当に店をまわせるのか。体力はもつか。強盗に襲われたら。なにより不安だったのは、お金のことだった。ちっとも売れなくてご飯が食べられなくなったら、どうしよう。まわりにも心配され、

「事業計画書をつくりなさい」

と言われた。でも、本が一日にどれだけ売れるかなんてわからない。たくさん売れる日もあれば全然売れない日もあるだろう。わからないのにどうしてやるの、と聞かれれば、やってみなければわからないから、と答えるしかなかった。

頼みは、この場所で前の人が古本屋をやって生計を立てていたということだけ。とはいえ日々の売上と売れた本の記録を見せてもらっても、いまひとつピンとこなかっ

た。同じお客さんが同じ古本を買うことはもうないし、この本の在庫ももうないのに。

実際に始めてみて、商店街のなかの小さな古本屋で本を買う人がいるんだ、と私が一番驚いている。いまでも、人が来れば二言めには

「ここだけで生計を立てているのですか」

とたずねられ、

「そのようです」

とあいまいに答えてしまう。とても信じてはもらえなさそうで。

大儲けはできないにしても、私はここで生計を立てるために店をやっている。本屋の仕事は楽しいけれど、赤字を出してでも店をやりたいとは思わない。自分の労働への対価が、生活に必要なお金とつりあうように仕事をしたい。

これまで、店をやっている人やフリーで仕事をしている人には突出した才能があるのだと思っていた。または実家がお金持ちとか、土地を持っているとか。特別に選ばれた人だけが会社に属さずに自力で食べていけるのだと、子どものころから思いこんでいた。まわりに自営業の知り合いが少なかったので想像ができなかった。

自営業の世界に飛びこんでから、さまざまな特技をもつ人に出会った。商品に対する知識がずば抜けている人、短い時間にいくつものアイデアを出せる人、いつも笑顔

でだれとでも仲良くなれる人。でも、みんなふつうの人だった。これと決めたことに打ちこみ、人に役立つかたちにしてお金に替えていくしくみをつくれば、お金持ちにはなれずとも暮らしを立てられる可能性はあるのだとわかった。

そして、「これ」は別に好きなことでなくてもいい。鰹節屋を始めるくらいだから店主は鰹節が大好きなのかといえば、そうとも限らない。知り合いに誘われたとか、このあたりにこんな店があったらいいなとか、ちょっとした思いつきから新しい仕事を始めてうまくいっている人もいる。もちろん、自分の好きなものだけ集めて店をやっている人もいる。

人が店をやる動機はさまざまだ。心から人に薦められるものを売りたい、人に必要とされるものを売りたい、なんでもいいから売れるものを売りたい、人の集まる場所をつくりたい、など。それだけで生活している人もいれば、ほかにアルバイトもしている人、年金や貯金を切り崩している人もいる。

どんな理由で始めるにしろ、まずは店だけでお金をまわせる方法を考えてみるといいかもしれない。たとえ赤字になっても自分の好きなようにやる、売れなくてもかまわない、という態度では、どこかで行きづまってしまうだろう。どうしたら人にお金を使ってもらえるか真剣に考えることで、自己満足ではない、お客さんによろこばれるような店になっていくはずだ。

と、えらそうに書いたものの、私も毎日の売上に一喜一憂しながら暮らしている。自分で店をやっている限り、これで安泰ということはないのだろう。時間とお金をどう使うか、楽しい仕事ならたとえ無償でも引き受けるのか、なんのために仕事をしているのか、いつも考えている。

「生計を立てる」のは厳しいことでも、店をやっていく目標としてはちょうどいいのかもしれない。収入が少なければ支出を削ることになり、しだいに自分の身の丈にあった暮らしに近づいていくのだろう。

紙と紙

お客さんに古本を渡してお金を受けとる。毎日くり返していると、ときどきはたと我に返る。「変なものだなあ」と。本も紙、お金も紙（硬貨もあるけれど）。数百枚の紙の束と、一枚か数枚の紙の束を交換して、持っている紙の枚数は減るのに、利益が出たことになっている。

「古本がお金だったら俺も大金持ちだ！」

と大量の在庫を抱える古書店主がよく言っていて、まわりの同業者たちも黙ってうなずいている。

お金はただの紙だけれど、価値があるとみんなが信じているから、お金として通用するそうだ。では、本の価値はだれが決めているのだろうか。

新刊の値段はおおまかに説明できる。紙代や印刷費、著者や装丁家やイラストレーターへの印税、取次と書店の取り分、そして出版社の利益を足し算すると価格が決まる。たくさん刷れば一冊あたりの原価が下がるので定価も下がり、少部数だと高くなる。専門書の値段が高いのは部数が少ないためだ。在庫を持ちすぎると税金や倉庫代がよけいにかかるので、出版社はどれくらいの期間でどれだけ売れるかを予想して部数を決め、定価を決める。

古本の値段は、店によっても本によってもまったくバラバラだ。

「どうしてカバーのない文庫本が二千円もするの？」

と聞かれて、

「戦前に出た希少な本だから」

と答えても、だれにでも納得してもらうことはできないだろう。

「この小説はいま全集で読めるでしょう？」

と畳みかけられたら、なおさらだ。読むために買うのではない人がいる、という不思議な事実によって、古本の値段はどうにも説明しがたいものになっている。

昔ながらの古本屋とは違って、本の内容よりも発行年の新しさや状態のよさを重視する古本屋もあり、「新古書店」と呼ばれている。古い函入りの画集や巨大な写真集が百円で売られているのを見ると、もはや一キロいくらの古紙回収業者に持ちこんだほうがお金になるのでは、という気がしてくる。本としての価値よりも、紙としての価値のほうが優っているような。

本の内容、状態、発行部数、その後の復刊状況。本の価値を決める基準は店それぞれだ。その価値観を共有するお客さんがつくことで店が成り立つ、と書きたいところだけれど、そうとも言いきれない。古書業界でお宝とされる詩集の初版本が、とある古本屋で百円で売られていたという逸話のように、むしろ価値を知らない古本屋に、お客さんにとっての掘りだしものが潜んでいることもありうる。価値観や趣味の合う店だと好みの本はたくさん見つかっても、そのぶん値づけも高めになっているだろう。それでも、自分の好きな本が投げ売りされているよりは、高い値段で大切に売られていてほしいような気もする。

紙と紙の交換は、たぬきの葉っぱの化かしあいのようなもの。紙そのものに価値があるのではなく、価値があると信じる人がいるから価値が生まれるという点では、古

アルプス
那覇の今昔
漫遊記
和洋裁縫教本
金魚のかひかた
トランプマジック
古書組合
市会

本もお金も同じだ。私たち古本屋が大金持ちになる日も、ひょっとしたら来るのかもしれない。

沖縄の本

あなたが住んでいる町の本屋に、その地域についての本が集められた棚はあるだろうか。歴史、文化、ここで生まれ育った人の評伝、ここを舞台にした小説、レストランや温泉のガイド。たとえ全国チェーンの本屋でも、その棚はその店ならではの品揃えになっているはずだ。

私の古本屋には、狭いながらもたくさんの「沖縄本」を並べている。沖縄本というのは、沖縄の出版社が出した本と、県外（もしくは海外）の出版社が出した沖縄に関する本のことだ。

県内のほとんどの本屋に、沖縄本コーナーがある。地元の本のコーナーの充実ぶりは、ほかの県に比べて群を抜いている。本屋が力を入れているのはもちろん、地元の出版社もこまめに店に通って、一緒に棚をつくってきた。沖縄の出版社の有志は「沖縄県産本ネットワーク」を結成し、毎年フェアやイベントを行って県産本の存在をアピールしてきた（二〇二二年現在、「沖縄県産本ネットワーク」は活動休止中。一九年に発足した団体「沖縄出版協会」が、県内外でフェアやイベントを行っている）。沖縄がブームになったり、基地問題が注目されたりするたびに県外の出版社はこぞって関連本を出す。地元の人たちは、どんな状況のときも地道に本をつくりつづけてきた。「沖縄県産本」という名乗りには、そんな県内の出版社の誇りが表れている。

沖縄で出版がさかんなのはなぜだろうか。理由はいくつか考えられる。

まず、ほかの県とは違う独自の歴史を持っていること。沖縄は、一八七九年に沖縄県として日本に編入されるまで、琉球王国という国だった。琉球王国は中国と関係を結び、日本や朝鮮、東南アジアなどを相手に、アジアの交易の中継地として栄えた。この時代の沖縄について知るには、日本史の本では足りない。

第二次世界大戦では日本で唯一、地上戦が繰り広げられる激戦地となり、兵士だけでなく多くの住民までもが犠牲になった。戦後は日本から切り離されてアメリカの占領下に置かれ、一九七二年に日本に復帰したあとも、広大な米軍基地が残されている。戦争と基地は、沖縄を考えるうえで避けることができない。

また、三線《さんしん》という弦楽器を使った民謡や、紅型《びんがた》・芭蕉布《ばしょうふ》といった染織、壺屋《つぼや》焼《やき》などの陶芸、さらには琉球空手や琉球料理など、魅力的な文化がたくさんある。ほかでは見られない植物や動物も生息している。沖縄の文化と自然に目を向ければ、本の題材は尽きない。

県外で出された本が沖縄の生活に合わないことも、出版をあと押ししている。たとえば、祖先を大切にする沖縄には、お墓や仏壇にまつわるしきたりがたくさんある。ほかの地域とは作法が違うので、県民向けの手引書が何種類も出版されている。花や野菜を育てるとしても、沖縄の土や気候に合わせた本が必要になる。

さらに、流通の問題がある。さきほど触れたとおり、沖縄は第二次世界大戦が終わってから一九七二年まで、アメリカの統治下に置かれていた。このため、日本で出版された本は「輸入」することになった。時間も送料も手間も、いまよりもっとかかった。仕入れるよりつくったほうが早い、ということになったのかもしれない。ただし、アメリカによる出版規制もあり、なんでも自由に出せたわけではなかったようだ。

いま沖縄の本屋には、県外で出版された本や雑誌はおよそ四日遅れで入荷する。飛行機に載せると輸送費がとても高いので、時間がかかっても船を使っている。逆に、県内の出版社の本は注文すると直接届けてくれるので、すぐに入荷する。

私は東京の書店で働いたときにたまたま沖縄県産本に触れて、こんな本の世界があるのかとびっくりした。高校生向けの沖縄の歴史の教科書、島のお祭りの本、村の人たちが得意料理を披露している本。東京でつくられる本は全国に向けられているのに、沖縄の本は沖縄の人に向けられている。

東京ではどの書店にも同じ本が並び、同じ本が売れているように見えて、当時の私は物足りなさを感じていた。そこで出会った沖縄の本は、ひときわ魅力的に見えた。沖縄の本を沖縄で売ったらおもしろいだろうな、とあこがれて、那覇に支店ができるときに異動を希望した。

いま、私の店は沖縄の本に支えられて成り立っている。売上でも、気持ちの面でも。地元の本を地元で売る、という希望が叶えられているからだ。通りかかった人が、

「沖縄の本がこんなにあるなんて知りませんでした」

と言って買ってくれたとき、ここで本屋をやっていてよかったと感じる。

立地が品揃えを決めてくれた

いつか古本屋をやるとしたら、とあてもなく妄想していたころ、思いえがいたのはそれまで自分が通っていたような店だった。入口の外に百円均一の棚があって、入ると文庫や文芸書や芸術書がぎっしりと並んでいて、奥のガラスケースに貴重な本が飾られていて、店の人は山積みになった本に埋もれるようにパソコンの画面を眺めていて……。

本も本棚も、そこに来るお客さんもぼんやりとしか見えていなかったのが、「牧志公設市場のまえの古本屋」という場所に出会ったとき、パッとクリアになった。そうだ、沖縄本の古本屋をやろう。先代の古本屋ももちろん沖縄本は置いていたのだけれど、もっと量を増やせばもっと売れるはずだ。

市場や商店街を歩く地元の人、県外の人、海外の人。沖縄本なら、ここに来るすべての人に興味を持ってもらえる可能性がある。地元の人は日常の買いもののついでに寄ってくれるだろう。旅先で本屋に行くほどの本好きではない観光客も、たまたま沖縄本が目に入ればおみやげとして買ってくれるかもしれない。

那覇空港のなかにある新刊書店は、売場面積のわりに沖縄本の売上がいいそうだ。飛行機で来た観光客が買うからだろう。市場のまえで、その古本屋版をやってみようと思った。これでは足りないという人には、ほかの店を案内すればいい。

那覇から車で三十分くらい北に走ったところの宜野湾市には、沖縄本の専門店と呼ぶべき古本屋が二軒ある。古本だけでなく新刊も扱い、市町村史や大学の紀要といった一般の人がなかなか買わない本も取り揃え、図書館や官公庁も顧客にしている。県外から来た研究者はレンタカーで乗りつけて本を買いまくり、持ちきれずに発送するようだ。

私には、そこと張りあえるような知識も在庫もない。店も狭すぎる。でも、人通りだけはある。それを活かして、沖縄本の入口になる店をつくりたい。

ベテラン業者からは、いろいろ忠告された。大量の在庫を時間をかけて売るのが古本屋なのだから、この狭さでは成り立たない。まともに沖縄本を揃えたいのなら、もっと広い店じゃなくちゃ。簡単に売れる軽い本ばかり扱っても、つまらないよ。

もちろん私だって一人前の古本屋になりたいし、めったに売れないマニアックな本も扱いたい。でも、たとえ店が広くても、専門店として作家や大学の先生を相手にする自信はない。そのかわりに、ふだん本を読まない人や沖縄本を知らない人に本を売るのも楽しそうだし、それならできるかもしれないと思った。ほかの店のようにはなれないから、この店ならではのかたちを見つけたかった。

立地と沖縄本のおかげで、いまの私は店の売上で暮らしを立てられている。ただ、これがいつまでも続くとは思っていない。心配なことはいくつかある。

まずは建物の問題。私の店は市場中央通りに沿って建つ長屋のような建物の一角にある。「水上店舗《すいじょう》」と呼ばれる建物だ。なぜ「水上」なのかというと、川を暗渠《あんきょ》にして、その上に建てられているから。一九六四年、沖縄がアメリカの占領下にあった時代につくられた。すでにかなり老朽化しているけれど、いつか取り壊すことになったとして、また新しく建てなおすことができるのだろうか。いまの日本の法律では川の上に建物を建てるのは難しそうだし、何百人もの権利者の意見をまとめてお金を集めることはほとんど不可能に思える。

向かいの牧志公設市場も、何年もまえからずっと建替の話が出ている。実現したら、公設市場は工事中だけ営業を休止するか、別の場所に一時移転することになる。その間、まわりの商店街の人通りは確実に減るだろう。また、きれいな建物が完成しても、昔ながらの市場の雰囲気が消えてしまい、いまのように観光客が集まらなくなるかもしれない。建替を機に商売をやめてしまう人も出るだろう（二〇一九年に牧志公設市場は建替工事に入り、二二年現在、近くの仮設市場で営業している。詳しくは六章をお読みください）。

市場を離れて古本屋をやっていく自信はない。どこに移転してもここより人通りは少ないだろうから、わざわざ店をめざして来てもらえるように、いまよりもっと魅力的な店にしないといけない。もしそこが沖縄でないとしたら、沖縄本以外のジャンルを開拓しなければ立ちゆかないだろう。

たとえ環境が変わらなくても、私個人の事情で店を閉めることもありうる。あれこれ考えるほど、私がまわりの店の人たちのように、ここで「おばぁ」になるのは難しい気がしてくる。

こう書いているとまるでお先真っ暗のようだけれど、悲観はしていない。ここでしか通用しない古本屋であることにコンプレックスを感じながらも、だからこそおもしろいのだとも思っている。別の場所でやる本屋には、別のかたちがあるだろう。また違うことができるかも、と想像するのは楽しい。

いつか、私がこの市場の店をやめる日は必ずやってくる。その日まで、毎日店を開けて、お客さんやまわりの店の人と話して、本を売って暮らしていく。

地産地消の沖縄本

ある日。自転車が店のまえでヨロヨロと停まった。

「あ、自転車はこの奥に停めてください」

「あのさ、おれの本があるんだけど、ここに置いてくれないかなあ」

ハンドルに手をかけたまま、おじさんが薄い冊子を差しだしてきた。マリアナ諸島での戦争体験記とある。

「自費出版されたんですか」

「そう。配ってもまだたーくさんあるから、売ってよ」

「ほかの書店には持っていかれましたか」

「ううん。いま、たまたま通って思いついたの」

奥付を見ると、おじさんの名前と住所が書かれている。沖縄県豊見城市。隣の市から自転車で来たようだ。定価は八百円。

「いくらで卸してくださるんですか」

「いくらでもいいよ」

ノリが軽い。それでもこうして自分で書いて出すほどの思いがあるのなら、引き受けてみよう。お預かりして、しばらくしたら売れたぶんをお支払いしますと説明し、納品書も私が書いた。

「まずは五冊でお願いします」

「重いから二十冊置いていっていいかな」

それはお断りして、またヨロヨロと走りだす自転車を見送った。

薄くて背表紙もない本だ。沖縄戦のコーナーに表紙を見せるように並べ、ブログでも紹介してみた。すると、二週間もたたないうちに五冊売れた。

連絡しなきゃと思っているところに、また自転車があらわれた。

「売れましたよ！　五冊」

「そう、じゃあまた置いていくから」

あらためて奥付を見たら、名前と住所の下に電話番号がボールペンで手書きされていた。なにかあったのだろうか。

「あのさ、売れなければ安くしてもかまわないから」

「それじゃ困るでしょう」

「いいの。どうせ赤字だもん」

利益を出すためではなく、ただ読んでもらいたくて本を出したのだ。

おじさんはそのあとも何度かヨロヨロとあらわれて、いつのまにか来なくなった。在庫がなくなったのだろうか。

沖縄では、本を出すのは出版社だけではない。個人、会社、自治体、サークル、ありとあらゆる人が印刷所にデータを持ちこみ、あるいは自分で印刷して、本をつくっている。地元紙には毎日のように新しい本の刊行に関する記事が載っていて、「問合せは○○さんまで」と個人名が書かれたものも少なくない。新刊書店で扱われている本より、発行人がみずから販売している本のほうが多い気さえする。

また、この自転車のおじさんのように、書店に直接、自分の本を卸す人もいる。沖縄の新刊書店に行くと、カバーと帯がかけられてバーコードもついた本の隣に、学校の文集のような簡素な本が並んでいたりする。

沖縄の本は、基本的に沖縄県内でつくられている。著者は県外に住んでいることもあるけれど、編集者は沖縄にいて、印刷も沖縄でする。ただし、紙は県外から運ばれてくる。数年前の夏、とある県産本の増刷を待っていたとき、

「台風で船が動かなくて紙が届かない。できるのが遅れそう」

と聞かされて、島で仕事をするのは大変だとつくづく思い知らされた。

そうして沖縄でつくられた本は、沖縄の書店に並べられる。ほとんどが出版社と書店の直取引で、取次を使うとしても県内の取次だ。編集、印刷、製本、出版、流通、販売を、すべて県内でまかなっている。「文化の地産地消」と呼ぶ編集者もいる。こうなると、新刊書店もまるで活きのいい八百屋のようだ。産地直送、とれたての本が揃っているよ！

古本屋は、出てから時間のたった本を洗ったり塩につけたりするように手をかけて、長く扱っていく。沖縄の書店で県産本を買った人が県内の古本屋に売って、別のお客さんが買って、いつか売って。この島のなかで本がぐるぐる回っているとしたら、私の店にあるこの本はいま何周めなのだろう。途中で県外に飛びだして、また戻ってきた本もあるかもしれない。

ところで、「文化の地産地消」については、あるとき県外の出版社の人とちょっとした議論になった。出版は全世界の人を相手にするべきで、地方にとどまっていてはいけない、というのが相手の言いぶんだった。

本屋である私は、どんなに狭くてもはっきりしたターゲットに向けられた本におもしろさを感じる。ここでしか出せない本があり、買う人がいるということの楽しい驚き。

だれもが手にする古典なら、どの店でも売れるだろう。本屋の棚にも売上にも欠かせない基礎の部分で、もちろん必要だ。でも、それに加えて、いま目のまえにいる人になにかを伝えようとする本を、手渡してみたい。

私が沖縄で本屋をやりたかったのも、それが一番の理由だった。沖縄の人には、自分たちのために書かれた本がこんなにある。そして、沖縄の本には買う人がきちんといる。うらやましく思い、せめて売り手としてそのなかに入りこみたいと願った。

沖縄の出版社の人だって、自分たちのつくった本を県外の人にも読んでもらいたいと思っているのは言うまでもない。ただし、沖縄特有の言葉や風習について、あえて注釈をつけない本もあるそうだ。ある編集者はこう言った。

「そこにページを割くよりは、一番の読者である沖縄の人たちが満足できるように内容を深めたい。県外の人も、わからないことは別の本で調べれば読めるんだから。だれが読むのかをはっきりさせないと、だれにもおもしろくない本になる」

県産本は、ある種の専門書なのかもしれない。沖縄をよく知らない人にとって難しくても、本が悪いわけではない。読む人が自分で勉強すればいいのだ。もちろん、勉強なんかしなくたって楽しく読める県産本もたくさんある。

私は県産本のおかげで、目のまえの人に本を売る楽しさを知った。ささやかな恩返しとして、次は離れた場所にいる人たちにも沖縄県産本の情報を伝えて、届けていきたいと思っている。地元に根ざして産まれた本も、届ける人と読みたい人がいれば、外の地に出ていける。「地消」をさらに広げていくのは、本屋の仕事だ。

本と本屋へ

沖縄本島から東に三百キロ以上行ったところに、北大東島と南大東島がある。どちらもサンゴ礁が隆起してできた断崖絶壁の島で、人口は北大東村が約五百人、南大東村が約千二百人（二〇二二年四月現在）。

島には本屋がない。那覇の新刊書店のリウボウブックセンターリブロは、年に一度、北と南で交互に出張販売を行っている。会場に並ぶ二千冊以上の本を目指して、子ども大人も朝早くから集まってくるそうだ。

絵本やコミックを手にして、夢中で読みふける子どもたち。この出張本屋の話が本や雑誌で取りあげられるときは、必ず子どもたちの写真が添えられている。

「いい笑顔！　子どもたちは本が大好き。出張本屋さんって、すてきですね」

そんなふうに書かれていると、つい頷きそうになりながら、いや、ちょっと待ってと自分を制する。確かに子どもたちは本が大好きで、年に一度の本屋さんを待ちわびている。でも本当は年に一度じゃなくて、いつでも行ける場所にあってほしい。元気のないとき、ひとりでいたいとき、本屋に行ってほしい。

出張本屋は大変な仕事だ。船で何十箱という本を運んで、店員さんたちも飛行機で向かって、大きな会場に本を並べて。儲けのためにする仕事ではないだろう。だからこそ、「いい話ですね」と言って終わらせずに、どうしたら島の人がもっと本に触れられるようになるか、自分にできることはないのか、考えてみたい。

沖縄県で新刊書店があるのは、沖縄本島と宮古島と石垣島だけだ。図書館のない島もある。そこでは、本は学校や郷土資料館に少し並んでいるだけ。「沖縄の人は本を読まない」と言われているけれど、そもそも読める環境が整っていない。

このまえ、私の店に若い女の子がやって来た。時間をかけて棚を見て、二冊買って

くれた。どちらも哲学の本だった。思わず、

「学生さんですか」

と話しかけた。

「はい。高校生です」

「近くに住んでいるんですか」

「与那原《よなばる》です」

那覇の南東にある小さな町だ。バスで三十分くらいかかるだろうか。

「わざわざありがとう。この店、学生のお客さんは少ないんです」

「そうですか。私の友だち、本が好きな子がたくさんいるから連れてきます。ここは学校の図書室にもない本がたくさんあってうれしいです」

高校生の女の子にそう言われて、私もうれしくなった。と同時に、こんなこと言わせたくないなとも思った。学校の図書室にも、読みたい本がたくさんあってほしい。気に入る本屋が近所にもあってほしい。私は司書でもチェーン店の経営者でもないので、せめて自分のいまいる場所で本屋をやっている。

＊

自分で本屋をやっていても、「本が好き」とはあまり言いたくない。「本っていいよ

ね」と言いあっているだけでは、本が好きな人しか来てくれない気がするからだ。

本は好きだけれど、好きではない本もたくさんある。でも、そんな本もひっくるめて、気になる。どんな人がこの本を読むのか。どこで買うのか、それとも借りるのか。だれが書いて、だれが編集したのか。装丁はだれか、帯やしおりはついているか。何部刷ったのか、在庫はまだあるのか、増刷はするのか。どの棚に置かれるか、平積みされるか、書評は出るか。読者としても本屋としても、なんでも知りたい。

本に関わる方法は、読むことだけではない。本屋で棚のあいだを歩く。背表紙を読む。函から出してページをめくる。書体を比べる。匂いをかぐ。部屋に飾る。脇に抱える。人に贈る。最初から最後まで読まなくても本に親しむことはできるし、好きなようにつきあっていいはずだ。

子どものころ、本が好きだと言うと、「えらいね」とほめられたり、まじめだとからかわれたりした。「私は本を読んでばかりで、友だちがいないみたい」といじけたりもした。ほかに行く場所がないから図書館に行く、することがないから本を読む、という日もあった。好きな本の話をだれかにしたくても、なかなかできなかった。

大人になって書店で働きだすと、今度は逆の意味で「本が好き」とは言えなくなった。趣味でも教養でも仕事でもなく、お茶を飲むように本を読む人たちに囲まれて、

「え、好きって言いながらこれも読んでないの？」

と驚かれるのが恐ろしく、読書の話はあまりしないようにした。

その一方で、毎日たくさんの本を手にし、並べ、背表紙を眺めるうちに、読んでいない本も身近に感じるようになった。読書って、本文を読み通すだけじゃないのかもしれない。開かなくても、文字は本の外側まであふれている。タイトルと著者と出版社の名前、それだけ読むのもひとつの読書かもしれない。本屋はただ本を運んでいるだけではなくて、仕事中ずっと読みつづけてもいるんだ。そう考えてみると、自分と本とのつきあいかたが大きく広がるような気がした。

本はそんなに堅苦しいものではないし、読まずに置いておくだけでもいい。かつての私に、私の友だちに、そう伝えたい。本は苦手だという人にも、敬遠せずに店に来てもらいたい。ときどき触ってみたり読みたいところだけ読んでみたり、音楽を流すようになにげなく本がそばにあったら、と願っている。

＊

二〇一四年、パキスタンのマララ・ユスフザイさんがノーベル平和賞を受賞した。子どもや女性への教育の権利を訴える活動が評価された。十七歳での受賞は、史上最年少だった。

受賞の前年、マララさんは十六歳の誕生日にニューヨークの国連本部で演説した。新聞に載っていたスピーチの、最後のくだりが目に飛びこんできた。

「一人の子ども、一人の教師、一冊の本、そして一本のペンが、世界を変えられるのです」

一冊の本が、世界を変えられる？　ドキッとして、最初から読んでみた。

「ペンと本」は、スピーチのキーワードになっていた。「教育の力」の象徴としての、ペンと本。それこそが「最も強力な武器」であるとマララさんは言う。みずから声をあげ、団結して貧困や暴力に立ち向かっていくために。

マララさんはペンと本の力を信じている。言葉が書かれ、人に読まれることで生まれる力だ。あたりまえのように学校を出て、銃を突きつけられたこともなく、役に立つか立たないかわからない本を売っている私も、その力を感じた瞬間はあると思った。マララさんには及ばなくても、自分なりの精いっぱいの切実さで。

地下の本屋で絵本を立ち読みして地上に出たら、町が変わって見えたとき。友だちに借りた小説に夢中になって、舞台となる島に一緒に行ったとき。お客さんに頼まれた古本を手配したら、「まさか手に入るなんて、ありがとう」と何度もお礼を言われたとき。

自分の世界、目のまえの人の世界。小さな小さな世界だけど、確かに一冊の本が変えた。本を読むことで、借りることで、売ることで、風景や行動や関係が変わった。積み重ねるうちに、もう少し大きな世界も変わってきたのかもしれない。

＊

綴じられた紙の束は、置かれているときは閉じたままだ。その束を手にとり、机の上で開いたり、あおむけに寝ころんで頭上に広げたり、立ったまま胸元でめくったりして、紙に刷られた文字や絵や写真を見る。おもしろくて次々にページを繰っていくこともあれば、興味が持てずにぱらぱらと飛ばすことも、よくわからないのに気になって、あるページから動けなくなることもある。

途中で閉じたまま何年もたって、ある日ふと思いだしてまた開けてみたり、かつては何度も開いたのにいつしか必要がなくなって手放したり、手にとっていないものがたくさんあるのについまた新しいのを買ってしまったり。そんなふうに過ごすうちに、いつか自分と世界を変える本に出会うかもしれない。

そう信じているから、いつも本のそばにいたい。棚の背表紙を読む目の動き、一冊抜くときの指の角度、本を広げる手のかたちを、身につけておきたいのだ。

私は自分の部屋に本を並べるだけでなく、店を広げて本を売るようにもなった。だ

買い取りも
いたします.
2015年

れでも気軽に中に入って、本に近づいてもらいたい。見るだけでも、触るだけでもいい。この世界に本があることを思いだしてほしい。今日は読まなくても、いつか読みたくなるかもしれない。棚に戻した本が気になって、また見にくるかもしれない。

本を買って、いらなくなったら売ってまた別の本を買う、そんな古本の流れにひとりでも多くの人が関わってくれたら楽しくなる。私もまた、買って読んで、並べて売って、開いて閉じて、書いて出して、本といろんなふうに関わっていきたい。そんな本屋になりたいと思っている。

「ちくまプリマー新書」へのあとがき

「あなたの本を読んで来ました」

と、かばんから本を取りだすお客さんがときどきいらっしゃる。自分の古本屋について書いた本を、沖縄の出版社から出してもらったのだ。そのなかでふたりだけ、

「あなたの本を図書館で借りました」

と言って、借りてきた本を見せてくれた人がいた。ひとりは那覇市の公共施設の図書室で、もうひとりはお住まいの長野県の図書館で借りてくださったそうだ。まず、「所蔵してくれてうれしい」と思い、「借りてくれてうれしい」と思った。

沖縄の出版社の本は、県外ではよほどの大型書店でなければ棚に並んでいない。取り寄せするにも時間がかかる。だれかがなにかのきっかけで本を知ってくれても、本屋になければ「じゃあいいか」と忘れられてしまうだろうけれど、図書館にあれば手にとってもらえるかもしれない。その町のどこかに私の本がある、と考えると安心する。

なにより、「借りた」と言われるのは思った以上にうれしいものだった。本を借り

るというのは、期限内に読む気があるということだ。義理で買うとか、買っても積んだままとか、もちろんそれも充分ありがたいけれど、「借りる」のは純粋に読みたいからだと感じられた。

ある日、近所の図書館で自分の本を検索してみたら「貸出中」となっていて、これも感激した。いま、近くに私の本を読んでくれている人がいるのだと思った。借りて読んでおもしろければ、だれかに「おもしろかったよ」と話してくれるかもしれないし、次に出した本は買ってくれるかもしれない。ただで読まれたとしても、読まれないよりずっといい。

この本を、借りて読んでくださっている人もいるだろう。ありがとうございます。心より感謝しつつ、いつかは買ってもらえるようになりたいと思うのが本音でもある。著者として、本屋として。

＊

沖縄の出版社から出した本は、店番中に書いた。編集者が週に一度くらい店に来て、隣に座って原稿を見てくれた。表紙の写真に迷ったとき、たまたま来たお客さんに、

「いま本をつくっているのですが、表紙はどれがいいと思いますか？」

といきなり声をかけたこともある。

店や市場でなにかが起こると、その場で書きとめて原稿に入れた。ライブの収録のように、目のまえのできごとをそのまま書き足していった。

やがてできあがった本は、まっさきに納品してもらった。それからずっと、自分の本を自分で売っている。出したからには売らなければという使命感で、気恥かしさも吹っ飛ばして。ちょうど編集の人が店に来たときに売れたら、

「この人が編集した本なんですよ」

と紹介してみたりもする。著者と編集者が揃って本を売るなんて、めったにないことだろう。そんな変わった体験も含めて、この店で本を買うことを楽しんでもらえたらと思う。

今回の本は、店番中だけでなく家でも喫茶店でも書いた。いま市場の古本屋にいる私、東京の大型書店にいた私、沖縄の書店にいた私、そしていまもそこにいる元同僚や、お世話になった出版社の人、取次の人、ほかの古本屋の人、ほかのお店の人、店に来てくれるお客さんのことを考えながら書いた。

この「ちくまプリマー新書」は、若い人や初心者に向けたシリーズだ。これまでの執筆陣を見ると、その道のベテランと呼ぶべき方々ばかり。私はまだ若くて（と言ってもいいですよね）、自分が初心者なのに、どう書いたらいいのか。とても悩んだ。

めげそうになりながら、ふと思った。私はたぶん、何年たっても初心者のままだろう。店が狭くて置けない本がたくさんあるし、ひとりだから買取やイベントになかなか出かけられないし、そもそも怠けものだし、レジも固定電話もないまま路上に座って、いつまでもお店やさんごっこのように本を並べているのだろう。そんな店でも、古本屋の看板を掲げることで本が集まり、人が来てくれて、私は古本屋でいられる。こんな古本屋もあるということが、もしかすると同じ初心者の人には励みになるかもしれない。そう自分に言い聞かせながら、書いた。

先のことはわからない。いつか別の場所で店を始めるのか、古本屋をやめてしまうのか、それとも結局おばぁになるまで市場の向かいに座っているのか。どうなるとしても、自分の店があってもなくても、「本屋になりたい」という気持ちは、ずっと持ちつづけていく気がする。

とにかくわからないことばかりで自信がなかったので、新刊書店、古書店、出版社の方々に原稿を見ていただいた。中村文孝さん、BOOKSじのん店長の天久斉《あめくひとし》さん、ボーダーインクの編集の新城《しんじょう》和博さん、ありがとうございました。

筑摩書房の編集の吉澤麻衣子さん。お会いしてお話する機会は少なかったものの、メールや電話でいつも明るく導いてくださって、ありがとうございました。

そして、漫画家の高野文子さん。吉澤さんに、

「だれにイラストを描いてもらいたいですか？」

と聞かれて、無理でもせめて気持ちだけは伝えておこうと思い、

「高野文子さん」

と答えた。引き受けてくださいましたよ、と連絡があったときは、店番をしながらあやうく泣きそうになった。高野さん、すばらしい絵を描いてくださって、本当にありがとうございました。


これからまた自分の店で売って、全国の書店でも売ってもらうことになる。本は私の手を離れて、思いがけないところへ届くだろう。手にとってくださる人のなかには、私の店を知らない人、沖縄に来たことのない人もいるだろう。どこでどんな出会いがあるか、とても楽しみだ。

この本を読んでくださった人にとって、本と本屋が、町の店が、市場と沖縄が、より身近なものになりますように。ありがとうございました。

二〇一五年五月

宇田智子

六章——「本屋になりたい」それから

七年後も古本屋

二〇一五年に「ちくまプリマー新書」として『本屋になりたい』が出版されてから、七年たった。そのあいだにさまざまな変化があった。自分も店も、市場も那覇も、沖縄も日本も世界も、それぞれに変わった。なにも変わらない七年間なんてないけれど、それでもこの七年は特別だった、と言いたいような気がしている。

冒頭の「今日も古本屋」を読みかえしてみる。

〈朝。小学校に向かう子どもたちの声が外でして目がさめる〉

いま、私が目をさます部屋では子どもたちの声は聞こえない。店により近い家に引っ越した。

〈浮島《うきしま》通りの側から、市場中央通りのアーケードに入る。道の両側にずらりと店が並んでいる。開店準備をしている人や店の外で呼びこみをしている人を横目に、修学旅行生や観光客の集団をかわしながら進む〉

二〇年の二月から、日によってはこの光景が見られなくなった。市場中央通りの半分くらいの店が閉まり、修学旅行生も観光客もいない時期もあった。新型コロナウイルスの感染状況によって、通りの様子は変わりつづけている。

〈左手に那覇市第一牧志公設市場《まきしこうせついちば》が見えてくる。私の店はその右手にある〉

牧志公設市場は一九年に建替工事に入り、二二年四月現在、工事用の白い壁に囲われている。二三年の春に新しい市場がオープンする予定だ。市場のなかの店は、近くの仮設市場で営業している。

〈両側のお店の人にあいさつをして、シャッターを開ける〉

私の店の隣、国際通り側の浦崎漬物店は一六年に、浮島通り側の与那覇さんの洋服屋は二〇年に閉店した。両方、なくなってしまった。

〈店のまえをほうきで掃いたあと、店内からキャスターつきの棚を引きだして、路上に並べる。小さな台も合わせて、全部で七台〉

与那覇さんのお店だった場所を私が借りて店を広げて、路上に並べる棚と台は十一台に増えた。帳場は一メートルほど左にずれた。

帳場から見える景色も、店の大きさも変わった。それでも私は古本屋を続けて、二一年十一月で十年たった。

「『本屋になりたい』著者は、本屋になったのでしょうか」

先日、この本の編集者に聞かれて、「まだなれていません」と迷いなく答えた。自分でこの本に書いたことはちっとも実践できていなくて、理想のまま。本の知識も仕入れの技術も向上していない。それでも、十年ここにいた。このまま本屋になれなくても、ここにいられればいいのかもしれない。

牧志公設市場の建替

ちくまプリマー新書が出たあとの七年間について、もう少し詳しく書いてみたい。

身近で起きた一番大きなできごとは、店の向かいにある那覇市第一牧志公設市場の建替工事が始まったことだ。一六年九月、那覇市が牧志公設市場の建替を発表した。ちくまプリマー新書には〈何年もまえからずっと建替の話が出ている〉と書いていて、建替なんて無理じゃないかとひそかに思っていたのに、ついに実現することになった。

建替工事のあいだ、公設市場に入っている店は近くの仮設市場で営業する。向かいの私たち水上《すいじょう》店舗の店子は通りに残って、そのまま店を続ける。

なによりも心配したのは、工事中に通りへの客足が遠のくことだった。公設市場は「マチグヮー（町小）」と呼ばれるこの一帯の中心となる存在で、そこをめざすお客さんがあちこち歩きまわってくれることで、まわりの店も成り立っていた。センター不在の数年間、やっていけるだろうか。工事中の騒音やほこりも心配だ。そもそも、新しい市場がどんな建物になるのかもよくわからない。

公設市場の建替が決まったあと、少しだけ別の物件を探してみた。私はここに地縁も血縁もなく、外から勝手に飛びこんできただけだから、この機会に離れてもよかった。それでも、ほかの場所で古本屋をやるというイメージはなかなかもてなかった。

その後、東京で開かれたトークイベントで店の話をしていて、「公設市場が建替になったらお店はどうするんですか?」と聞かれたとき、「私はあの場所に残って、市場の建替を見届けたいです」という言葉が勝手に口から出てきた。そうか、見届けたいのか、と初めて気づいた。公設市場の建物が建て替わるのは一九七二年以来、五十年ぶり。おそらく私の一生に一度のことだ。そんな特別なことが目のまえで起こるのに、離れてしまってはもったいない。

このときはまだ観察者のつもりでいた。当事者になったのは、アーケードの再整備の問題が持ちあがってからだ。

当事者になる

公設市場の建替にともなって、公設市場と水上店舗のあいだにかかっているアーケードは撤去されることになった。うすうす感づきながら、那覇市がどうにかしてくれるのではと思いこもうとしていたのだけれど、一九年二月に那覇市が開催した説明会で、「撤去後どうするかは通り会にまかせる」と言われた。

あらためて経緯を調べると、これまで頭上にあたりまえのようにあったアーケードは、三十年前に通り会の人たちがお金を出しあってみずからつくったものだとわかった。那覇市のものではないから、市が新しいアーケードを準備してくれることはない。私たち通り会のメンバーが動かなければ、このままアーケードはなくなる。

公設市場もアーケードも通りのにぎわいも、私が店を始めるまえからここにあったもので、私がなにもしなくてもずっとあると思っていた。それが急にあやうくなった。

これまで同じ通りで商売をしていながら話したこともなかった店主たちと、毎日のように言葉をかわすようになった。

……アーケードがないと困るよね。沖縄は急な雨が多いし、日ざしもきついし。特に夏は「アーケードに入るとほっとする」ってお客さんに言われるよ。

……平和通りとか市場本通りとか、みんながつくったアーケードがマチグヮーをひとつにつないでいるから、お客さんはぐるぐる歩きまわれるんです。アーケードは絶対に必要です。

思いは同じだった。「市場中央通り第1アーケード協議会」を立ちあげて、アーケードの再整備をめざすことになった。お金もなければ法律も知らない、ただ自分の店をやっていただけの私たちが、急に大事業の主体になってしまった。

どんな手順を踏めばアーケードがつくれるのか、さっぱりわからない。以前からマチグヮーに関わっていた大学の先生やNPOの人などに話をして、ひとつずつ一緒に考えてもらいながらそろそろと進んでいった。

全国の事例を探しても、ここ数十年はアーケードを新設する商店街はほとんどない。むしろ維持管理ができなくて撤去する事例ばかりだった。さらに、建物が密集していて避難通路の確保が難しいこと、土地や建物の権利が細かく分かれていて関係者の数が多いことなど、沖縄特有の事情も明らかになってきた。米軍占領下でつくられた町だから、他県とはなりたちが違う。公設市場の組合長の粟国さんが「市場は戦後が続いている場所だ」とよく言っているのを肌で感じることになった。

地主や家主に手紙を出し、専門家に相談し、市役所に通い、市議会に陳情し、新聞社に取材を依頼し、他県に視察に出かけて、本当にできるのかわからないアーケードのために時間と労力をさきつづける。どうしてこんなことをしているのだろう、と何度も思った。私はここで本を売りたいだけで、アーケードがつくりたいわけではない。

でも、本を売るためにアーケードが必要なら、再整備の活動にかかわるのは当然のことだ。この場所はそんなふうにできてきたのだから。

那覇の市場の歴史

沖縄戦のあと、那覇の旧市街地は米軍に占領され、立ち入りが禁じられた。人々は田畑の広がるガーブ川のまわりにやってきて、土手に杭を打ってテントを張り、品物を売り買いするようになった。闇市が立ち、やがて公設市場が整備された。大雨のたびに氾濫するガーブ川が問題視され、那覇市は琉球政府や米軍から援助を受けて改修工事を行い、川を暗渠《あんきょ》にした。川沿いで商売をしていた人たちがお金を出しあい、暗渠の上に水上店舗を建てた。一九八〇年代から、各通りがそれぞれにアーケードを架けた。

ここは、政治家や権力者が「こんな町にしよう」と決めて資金を投じてつくった場所ではない。生きる糧を求めて集まってきた人たちが、商いのための場所が必要だと声をあげて行政を動かし、みずからも身銭を切った。それは復興とかまちづくりとかのためではなく、なによりも自分が生きていくための運動だったはずだ。

一九六〇年代、公設市場の改築や移転、土地の権利などをめぐってさまざまな衝突が起きていた。市場の業者たちは連日、市庁舎の廊下を埋めつくして陳情を続けたという。

公設市場めぐり荒れる那覇市議会　1966/6/21　沖縄タイムス社提供

六八年から八四年まで那覇市長を務めた平良良松《たいらりょうしょう》は、こんなふうに回想している。
〈商人には、一般の市民とはちがって、消費者とのつながり、仕入れや商の構えなど、簡単にかえることのできない問題がある。これを強行すると血を見ることになる。事実、那覇市議会の委員会では、「私たちを移すぐらいなら、クルチクィレー」と机の上に身体を投げだした婦人もいて、陳情は常に殺気だっていた〉(『平良良松回顧録』沖縄タイムス社)。「クルチクィレー」は、「殺してくれ」だ。

お金もなければ法律にも詳しくない、おそらくいまの私たちよりもっと拠りどころのなかったであろう人たちが、全身全霊をかけて商いの場を守ってきた。その人たちのおかげで、いま私たちはここで商売できている。

私は県外から那覇に来て、たまたま市場で店を始めた。始めてから数年間は、市場のなかにいながら外から眺めているような気持ちだった。

目のまえの風景はいつまでも珍しく見え、行きかう人や店に来るお客さんの思いがけない言動に驚き、おもしろがって書きとめていた。

公設市場の建替とアーケードの再整備は、私を市場の運動にいやおうなく巻きこんだ。アーケードが好きだとか風景を守りたいとかではなく、ただ自分がここに座りつづけるためにやっている。

本屋はほかの場所でもできるのかもしれないけれど、ここにいたい。いろいろな人と商品が行きかうなかにいるのがいい。と、はっきり思うようになった。どんなにうるさくて面倒だとしても、本と自分だけの世界に閉じこもりたくない。

いま私たちがあきらめたら、この通りにアーケードが架かることは二度とないだろう。いま私たちがアーケードをつくったら、数十年はアーケードが残る。管理が負担にならないよう、商店街のありかたも検討しないといけない。

ずっと「明日のことはわからない」と思いながら生きてきて、ただ一日ずつを積み重ねることしかできなかった私が、数十年後の商店街のことを考えるようになった。そこに自分はいないかもしれなくても。

もう人ごとではない。自分がここで生きていくための運動なのだから。市場の歴史の片隅に携わるチャンスなのだ。

店を休む

この七年間に起きたもうひとつの大きなできごとは、二〇一九年十二月に始まった新型コロナウイルスの流行だ。

二〇年二月のはじめ、那覇に寄港したクルーズ船の乗客たちがマチグヮーを歩きまわった。やがて船内で集団感染が起きたのがわかって、店主たちは騒然とした。まだ沖縄に感染者は出ていなかったけれど、いきなり最前線に立たされたように感じた。少しずつ観光客が減っていった。人のいない通りに出て、まわりの店の人たちとどうなるんだろうと言いあっていると、

「湾岸戦争もテロも震災も乗りこえてきたんだから」

とだれかがつぶやき、みんながうなずいた。この場所はいつも最前線にあって、遠いところのできごともすぐに影響してくる。それでも、乗りこえてきたんだから。

感染症が広がるにつれ、このまま店を開けていていいのか、迷いが出てきた。売上が落ちているのに無理に開けても、感染の危険にさらされるだけではないのか。しかもここは商店街のなかだ。不特定多数の人が行きかい、店にとびらがないので気軽に出入りできて、お客さんとの距離が近い。市場のよさだと思ってきたことが、まる

ごとひっくり返ってしまった。

二〇年四月、近くの店の従業員が感染したと聞いて、しばらく店を閉めることにした。感染するかも、お客さんやまわりの店の人にうつしてしまうかも、という不安に耐えられなくなった。休業を決めるまえからお客さんの数は少なく、ただ作業をしたり市場を眺めたりするために開けているようなものだった。

やがて東京都が、新刊書店は「社会生活を維持するうえで必要な施設」であり、古書店は「趣味的な要素が強い」という判断のもと、古書店だけに休業を要請した。沖縄県もそれに倣った。「不要不急」という言葉が飛びかい、物議をかもした。

まさか、自分の仕事に「不要不急」などというレッテルを貼られるとは。たとえ扱っている商品が生活必需品でなくて、お客さんには不要不急な店だとしても、店にとって店を開けることは必要火急にちがいない。

こんな本だれが買うんだろう、と思いながら棚に並べた本を、何年もたってからお客さんが見つけて、「ずっと探していました」とよろこばれたことが何度もある。ほとんどの人にとって不要なものが、だれかにとってはなにより必要なものだと古本屋は知っている。だから古本屋はその人を待つために毎日店を開ける。不急であっても不要ではない。

これまでは、店を続けて休むとしても、長くて五日間くらいだった。一五年あたりからときどき店番を人に頼むようになり、私が出張や出産でいないあいだも店は開いていた。店は開いているのがいいと信じて疑わなかったから、休まずにすむ方法を考えた。

店に座っていればだれかに会えて、なにかが起きる。だから、売上が少ない日でも「開けて損した」と思ったことはない。特に、一九年の終わりから公設市場の建物の解体やアーケードの撤去が進み、風景がどんどん変わっていった。それをできるだけ見ておきたかった。

店を休んでいるあいだも、注文品の配送だの食材の買い出しだの理由をつくって、毎日のように市場周辺を歩いた。

国際通りの店がこんなに閉まっているのを初めて見た。平和通りの店もずらりとシャッターを下ろしている。この通りはこんなにカーブしていたのか、と気づく。いつも道まではみ出した商品と、通りを歩く人々で地形が隠れていて、わからなかった。

自分の店のある市場中央通りに立つ。公設市場が更地になり、だれもいない通りに強い西日がさしこんでいる。工事の囲いの上から覗いたら、市場の向こう側の通りが見えた。公設市場があるときは見えなかった風景だ。

市場本通りに進む。シャッターを半分開けて改装工事をしている店がある。お菓子屋さんのシャッターに「工場は稼働しています。配達できます」と書いた紙が貼られている。一見閉まっているようでも、見えないところで市場は動きつづけている。

ここは外からさまざまな人が来る場所で、住んでいない人たちも一緒に町をつくっている。私の店にも、県外から定期的に通ってくるお客さんが何人かいる。市場の研究や取材をしている人も、アーケードの再整備の活動を手伝ってくれる人も、市場で飲むのを楽しみにしている友人も、みんな来られなくなってしまった。かわりに私が今日の市場を見る。今日しか見られないものを見るのは、必要で火急なことだ。

顔見知りの店主たちと話す。

「なんにも売れないけど、家にいてもしかたないから」

と、口をそろえて言う。みんな何十年も、ほとんど定休日もなく店を開けつづけて、家よりも長い時間をここで過ごしている。店はお客さんたちの居場所になるけれど、まずは店主の居場所でもある。

私はなんのために店を開けるのか。この二年、自問自答を続けてはっきりしたのは、本を売るためだけではないということ。そして、だれよりも自分のためだということ。ここに座っているのが楽しくて、座るための口実として本を並べているのかもしれない。

結局、二二年三月までに四回、合計一八五日間、店を長期休業した。もう休みたくない。

店を広げる

「そろそろ店をやめようと思うの」

隣の洋服屋さんに打ちあけられたのは、二〇年のお正月明けだった。

「もう年だからね。私がやめたら、あなたが借りなさい」

そう言われて、とうとうこの日が来たんだ、と思った。

市場では、だれかが店をやめると、隣の店がそこも借りて売場を広げることがよくある。私も店の狭さに悩んだとき、もしお隣がやめたら広げられるのかなと想像したこともあったけれど、現実味はなかった。両隣の洋服屋さんも漬物屋さんも五十年近く続いている店で、そこにあるのがあたりまえだったし、なによりもやめてほしくなかった。

一六年に漬物屋さんがふいに店を閉めたときは、まえから話をしていたという別の人がそこを使うことになり、私には声がかからなかった。今回、初めて増床のチャンスが訪れた。

ただし増床といっても、洋服屋さんの床面積は一・五坪だ。わずかに広げて棚を増やしたとして、家賃に見あう利益が出せるのだろうか。

迷っているうちに感染症が流行しだして、洋服屋さんも私もしばらく店を休んだ。売上がないのに家賃だけを払いつづける。新たに物件を借りるなんて考えられなくなった。

五月の終わり、洋服屋さんと私は同じ日に店を再開した。隣から「ひさしぶりだね、やめたのかと思ったよ」「年寄りだからさ」とお客さんと話しているのが聞こえる。お正月には「五月にはやめるつもり」と言っていたけれど、どうするのだろう。

六月になっても洋服屋さんは変わらず店を開けている。できるならしばらくやめないでほしい。隣を自分で借りる決心はつかないけれど、ほかの人に借りられてしまうのもいやだ。もう少しこのままでいたい。

人に相談すると、「絶対に借りたほうがいい」と言われた。隣に変な店が入らないように押さえておくべきだと。確かに、壁一枚へだてただけの隣だから、あんまりにぎやかすぎたり匂いがきつかったりする店だと困る。

店を広げるのは、単に本の在庫を増やして売上を伸ばすためだけではないのかもしれない。私の店は路上にはみ出していて、いろんな向きからお客さんが来る。たとえば感染症対策をしようと思っても、ビニールカーテンを吊るすのも、予約制で営業するのも難しい。店の外に出している棚を閉店時に店内に片づけるから、シャッターを閉めたまま作業するスペースもない。この先も感染症に限らずいろいろな事態に対応していくことになるとしたら、一・五坪あるだけでも、できることが少しは増えるのではないか。

こんな時期だからこそ前向きに動きたい、という思いがだんだん強くなってきた。まわりの店の人は空き店舗になった物件を借りて支店を出したり、店を改装したりしている。お客さんはまた市場に戻ってくるとみんなが信じている様子に勇気づけられる。

ある日、近くの店の人が思いがけないことを教えてくれた。洋服屋さんは昔、私の店の敷地も借りていたらしい。途中でそちらは返して、いまの店のサイズに落ちついたそうだ。店は売上や環境の変化に応じて、広げたり縮めたりすればいいのかもしれない。まずは借りてみて、うまく使えなかったらまた考えよう。

「私は今月いっぱいでやめるよ。ともちゃん、どうする？」

六月も終わりに近づいた日の帰りぎわに聞かれて、「借ります」と答えた。

い。


「よかった。五十年続けるのよ」

「いま、九年めです」

「ここから五十年よ」

五十年後、私は九十歳だ。市場にはその年代の店主も何人かいる。半世紀と考えたらはてしないけれど、開けて閉めて一日ずつ積み重ねて、いられる限りはここにいたい。

十年かけて

洋服屋さんだった場所の賃貸契約を結んだとたんに再び緊急事態宣言が出て、店を休むことになった。市場の店は改装ラッシュで、お願いした大工さんはなかなか来られず、新しいスペースはしばらくからっぽのままだった。

やがて店を再開したときもまだ壁を塗りなおしている最中だったので、ひとまずテーブルの上に本を並べて「100円」と値札をつけた。すると、いままで素通りしていたまわりの店主や市場のお客さんが足をとめて、本を買ってくれるようになった。時代小説や自己啓発など、これまで店に置いていなかったジャンルの本がよく売れて、需要があったのに長いあいだ応えられていなかったことがわかった。

沖縄の本だけで固めるより、安くて雑多な本が並んでいるほうが市場の古本屋らしい。値段にも内容にももっと幅をもたせてみようと思った。

同じころ、通販サイトを立ちあげた。本はできるだけ店頭で売りたいと思ってきたけれど、店を開けられない日々が続いて、そうも言っていられなくなった。

通販サイトでは古本でなく新刊を売っている。古本はネット上ではどうしても値下げ競争になり、ありふれた沖縄本ばかり扱っている私には厳しい。新刊はどこでも同じ価格で、沖縄の出版社が出す本は県外の書店やオンライン書店で扱っていないことが多いから、まだ勝算があるかもしれない。そう考えて、まずは県産本の新刊を中心に始めてみた。仕入れているのは膨大な沖縄本のごく一部だけれど、店と同じく沖縄の本の入口になるような通販サイトをつくりたかった。

注文が入ると、店番のかたわら本を梱包して、郵便局の人に集荷に来てもらう。長期休業中は、シャッターを半分開けてゴソゴソと作業し、シャッターのまえで郵便局員さんを待つ。本が売り切れたら出版社に注文する。ふだんは出版社の人が店に本を持ってきてくれるのだけれど、休業中は受けとれないので、何度か出版社に自分で取りにいった。店を休んでいても本を動かしている、お客さんに届けられていると思えることが励みになった。

通販を始めて一年半たち、少しずつ利用してくれる人が増えてきた。毎月、会員向けのメールマガジンを発行して、本や店の紹介をしている。

さらに同じころ、クレジットカード決済を導入した。これまで「カードは使えますか?」と聞かれるたびに「現金だけです」と答え、「手持ちがなくて」と言われると「そこに銀行があります」と向かいの琉球銀行を示してきた。しかし時代はどんどんキャッシュレスに移行し、県外の人に「現金を使うのは那覇の市場に来たときだけです」と言われることが増えた(上海に旅行したとき、屋台に並ぶ食べものにQRコードがついていて驚いたのを思いだす)。二〇年二月に向かいの銀行が閉まったのをきっかけに、やっとカード決済に踏みきった。

それから、店の外にポストをつけた。お客さん用の傘立てを買った。店のロゴマークと、本に挟む値札をつくってもらった。青色申告を始めた。すべて、二〇年から二二年のあいだのこと。ふつうは店を始めるときに準備するものばかりなのに、私は十年かかった。市場は特殊な場所だから、小さな店だから、と言いわけしてその場をしのいでしまっていた。

公設市場の建替、感染症の流行、店の増床。変化のたびに自分に問いなおした。こんな状況でも店を開けるの? この先も店を続けるの?

問いかけに答えるかわりに、できることをひとつずつやっていったのかもしれない。遅すぎたけれど、まにあったことにする。

なお、レジと固定電話はいまもない。

東アジアの本屋

二〇一五年から一七年にかけて、前著『那覇の市場で古本屋』（ボーダーインク）が韓国と台湾で、そしてプリマー新書版の『本屋になりたい』が台湾で続けて翻訳されて、韓国や台湾から来てくれるお客さんが急に増えた。そのころ那覇にはインバウンドの観光客が押し寄せていた。化粧品や電化製品を爆買いしているのを、本屋には来ないだろうと遠目に見ていたのに、うれしい誤算だった。

韓国や台湾のお客さんは、言葉が通じなくても明るく話しかけてくれた。自分も本屋をやっているという人、やりたいという人も多くて、みんな目が輝いていた。国によって業界の慣習は違うから、私の本は参考にならないのではないかと心配したけれど、「本屋になりたい」という気持ちは通じたのかもしれない。「東京の本屋にも行ってみたい。でも、まずは沖縄に来ました」というお客さんもいて、沖縄と東アジアの近さを感じた。

せっかく来てもらっても、私の語学力が乏しくて、翻訳された本以上の言葉はなかなか伝えられない。それでもポストカードを買ってくれたり、おみやげにフクロウグッズをもらったり、一緒に写真を撮ったりして、特別な時間を過ごした。

一六年十一月、沖縄で「東アジア出版人会議」が開かれた。日本、中国、韓国、台湾、香港の出版関係者や研究者からなる組織で、半年に一度、各地で会議を開いて人文書の出版について情報交換をしている。発足から十周年にあたる年に、沖縄が六つめの地域として初めて参加することになった。

シンポジウムは「出版の地域性と書物の普遍性」というテーマで行われ、各地域から発表があった。中国の市場規模におののき、韓国の小さな本屋の話にひかれる。沖縄の出版社の編集者に「すごい人たちばかりで気後れする」と耳打ちされてうなずく。六つの国と地域は、人口も政治も文化も出版流通の仕組みもまったく異なっている。それでもここにいる人たちは本を通じて結ばれていて、この会議から翻訳や共同出版の企画が生まれているようだった。

沖縄の本を県外に流通させるのはなかなか難しいけれど、いっそ翻訳して東アジアの本屋をめざすのもありかもしれない。県外でも国外でも、どちらにしても海を越えることになるのだし。そう考えると一気に市場が広がった感じがして、ワクワクした。

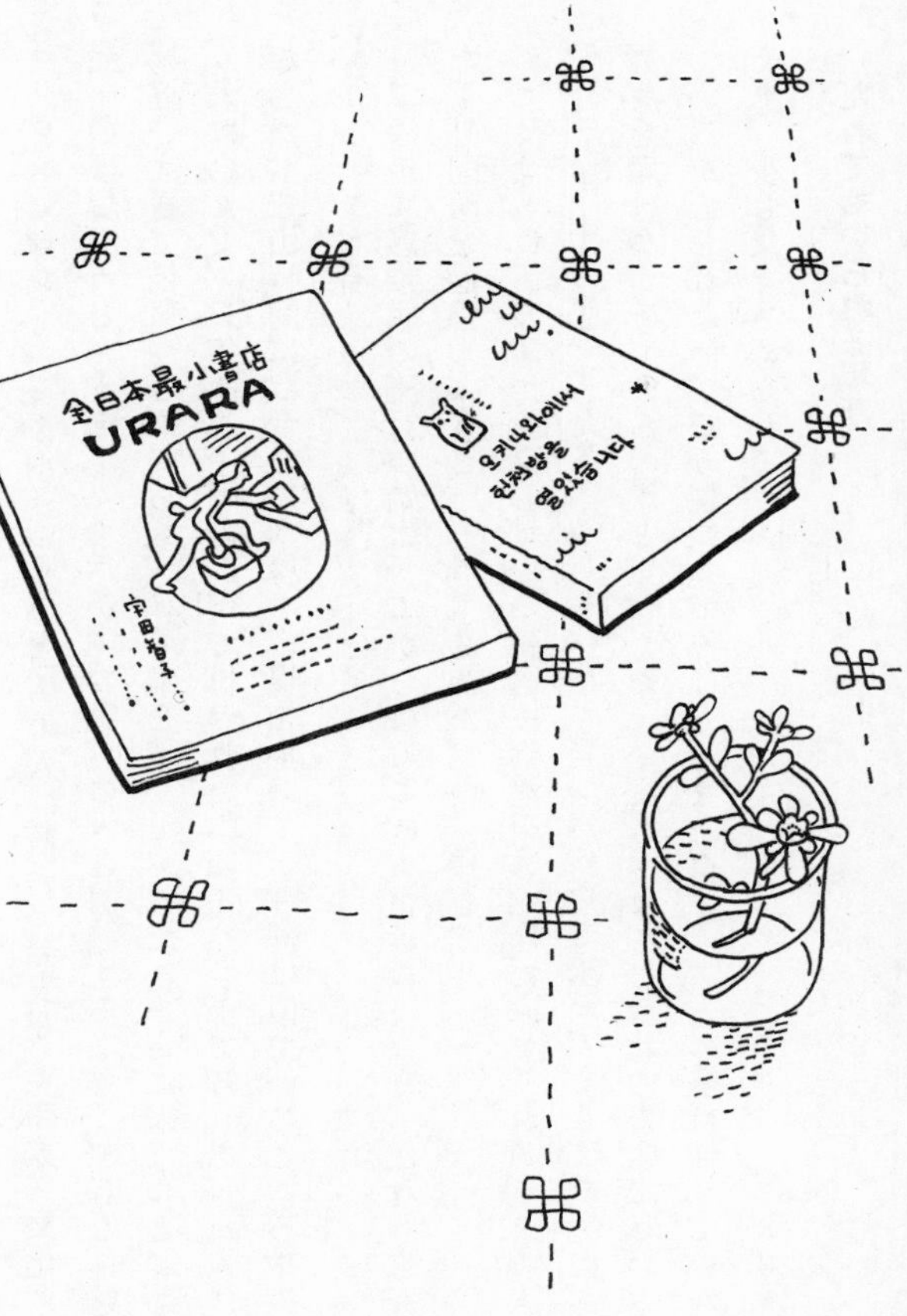
全日本最小書店
URARA
宇田智子
오키나와에서
헌책방을
열었습니다

一七年二月、台北国際ブックフェアに参加した。「国際書店フォーラム」というプログラムでロンドンとメルボルンの書店の人に続いて発表し、「商業、文化、地域の発展の理想図」というテーマで六か国の書店の人と討論するなど、無謀な体験をした。場違いすぎて怖気づきながらも、私の本を読んでくれた人や店に来たことがあるという人に会えて、五年前に中国の広州で行われた本のイベントで知りあった人にも再会できた。自由時間には台北の本屋や市場を歩いて、沖縄に似ているところや違うところを見つけて楽しんだ。

二〇年に感染症の流行が始まってからはどこにも行けなくなり、だれも来なくなった。外国語を勉強しようという熱もさめた。

ごくまれに、日本で生活している韓国や台湾の人が店に来てくれる。その人たちに「あなたの本を読みました」と言われたとき、人の行き来ができなくなっても、本は言葉を届けつづけているのだと気づいた。いまもソウルや台北の書店に私の本が並んでいるかもしれない。そう想像してみると、まだ東アジアとの縁は切れていないと思えて、少しなぐさめられる。

だれでもいられる場所

本書『増補　本屋になりたい』を出すにあたって、ちくまプリマー新書版『本屋になりたい』の内容にはできるだけ手を入れないようにした。入れだしたらきりがないのと、本屋の仕事についての考えかたはほとんど変わっていなかったからだ。七年前に書いたことは青くさいけれど、そんなふうにできたら理想だといまでも思うし、全然できるようになっていないこともあらためて痛感する。

そのなかで、書きなおしたほうがいいだろうか、と迷った文章がある。

〈どんな理由で始めるにしろ、まずは店だけでお金をまわせる方法を考えてみるといいかもしれない。たとえ赤字になっても自分の好きなようにやる、売れなくてもかまわない、という態度では、どこかで行きづまってしまうだろう。どうしたら人にお金を使ってもらえるか真剣に考えることで、自己満足ではない、お客さんによろこばれるような店になっていくはずだ〉（一六一ページ）

この七年のあいだに、全国にさまざまなスタイルの本屋が開店した。プリマー新書には〈いま、チェーン店以外の新刊書店が新たにオープンすることはめったにない〉と書いたけれど、個人や出版社の経営する新刊書店が何軒もできた。クラウドファンディングで本屋を始める人や、ほかの仕事とかけもちしながら決まった日だけ店を開ける人もいる。

本屋のかたちが多様になるなかで、それぞれの事情を抱えて必死に店を守っている人たちは、まっすぐにお客さんのほうを向いて本屋をやっているように見える。そんな人たちに〈店だけでお金をまわせる方法を考えて〉などと言えるわけがない。

ただ、まれに〈たとえ赤字になっても自分の好きなようにやる〉と考えていそうな人、もっと言えば本屋はそういうものだと思っていそうな人に会うこともある。

「私も本屋になりたいんです」とお客さんに話しかけられて、「自分の好きな本をみんなにも読んでもらいたいから」と言われると、なんと返せばいいか困る。じゃあ貸したらどうでしょう、SNSで趣味の合う人とつながることもできますし、と言いたくなる。好きな本を人と共有したい気持ちは私にもあるけれど、本を売る目的がそれしかなかったら、店はごく狭い世界に閉じてしまう。

自分の好みや考えはいったん置いて、お客さんの必要とする本を売るのが本屋だと私は思う。たとえば、だれかを傷つけるためだけに書かれたような本は店頭に並べないけれど、もしお客さんに頼まれたら私は手配する。町に店をかまえる以上は、できる限り本屋の役割を果たしたい。

もちろん、店主が意志をもって選んだ本だけを置く本屋、ひとつの分野に特化した本屋もある。私の店だって沖縄の本ばかり並べている。ただ、店主として本は選んでも、お客さんのことは選ばないように、拒まないようにしたい。

帳場に座っていると、「本が好きなんですね」「好きなものに囲まれていいですね」とよく声をかけられる。若者たちが「かわいい店」とか「本屋さんってすてき」とか言いあいながら通りすぎていく。そんなほっこりしたものではないのに。

本は並んでいるときはおとなしく見えるけれど、開いて読んでみると人の敏感なところや社会の微妙な問題にもふれている。店にあった本をなにげなくめくって、内容の激しさに驚くこともある。お客さんに「なんでこの人の本を置かないんだ」と詰め寄られたり、基地問題について議論を吹っかけられたりもする。お客さんのまえにいるのは著者でも出版社でもなく、本屋の私だから。本を並べていることで、矢面に立たされる。

私の応対に腹を立てて去った人もいる。「もう来ないでください」と告げたこともある。それでもできるだけお客さんを拒まずにいたい。だれとでも気軽に話したりもてなしたりすることは私にはできないけれど、本はある。本がかわりに受けいれてくれるといい。だれでも立ち寄れてしばらくいられる場を、本がつくってくれるといい。

私はじゃまをしないように、黙って座っているから。

人の気配

店を始めてまもないころ、ライターになった古い友人が取材に来てくれた。話の途中で「私は人に会いたいから店をやっているんだと思う」と言ったら、「そんなに人が好きなようには見えないのにね」と笑われた。

そのときはムッとしたけれど、確かに人が好きなようには見えないだろう、といまは納得する。店にいてもお客さんに自分から話しかけることはなく、なにか聞かれても最低限のことしか答えず、知り合いが来ても愛想よく歓待したりはしない。どんなふうに接したらいいのかいつもとまどっていて、どうして接客業なんてやっているんだろう、と落ちこんでばかりいる。「好き」かは置くとして、苦手なのはまちがいない。

なのに、人に会いたい。休みの日にずっと家にいるとそわそわしてくる。用もないのに市場や喫茶店に出かけ、だれかが歩いたり話したりしているのを眺めて、ほっとして帰る。話はしなくていい。

本との接しかたも似ているかもしれない。開いて読まなくても、本棚を眺めたり、何冊か抜きだして触れたりするだけで、なんとなく気分が落ちつく。本のある空間にいたい。

本屋をやっていれば人がいて本があるから、どちらの欲も満たされる。さらに、人と本のかけ算も起きる。たとえば、著者がたまたま来店しているときにその人の書いた本が売れたり、自分のふるさとの村史を見つけた人が子どものころの話をしてくれたり。お客さんからの問合せに私がしどろもどろになっていたら、別のお客さんが「それはこの本に書いてあります」と教えてくれたこともあった。私から働きかけなくても、本の磁力に人が引きよせられて、出会いが生まれる。

本を書くのは人だ。表紙にも背表紙にも扉にも奥付にも、その人の名前が書かれている。開けばそれぞれの声や話が聞こえるけれど、閉じているかぎりは静か。店にだれもいない時間は、本棚に人の気配を感じることができる。そのひそやかな気配が、本屋の魅力のひとつなのかもしれない。本棚を眺めていると、喫茶店でまわりの人たちの声をぼんやり聞いているのと同じような気分になる。

そして、ここは市場でもある。帳場のまえを人が通りすぎ、台車で商品が運ばれていく。本に目を落としていても、話し声や足音がたえまなく聞こえる。立ちあがって店の奥にひっこむと少し静まる。道を歩く人と本を書いた人、生きている人と生きていないかもしれない人のあいだを行ったり来たりしている。

まわりの店主たちを見ていると、商売人はお金も好きだけれどなにより人が好きなのだ、と思う。お客さんのよろこびそうなものをあちこちから探してきて、どう並べたら目にとまるか真剣に考えている。どんなお客さんにも同じように接し、行政の人にへつらうこともない。意見が合わないことがあっても、あの人はあんな人だからと決めつけずに、何度でも話をしにいく。

私にはそんな体当たりの人づきあいができないので、まわりに本を盾のように並べて、衝撃をやわらげている。本があいだにあれば、生きている人とどうにか言葉をかわせる。店を構えていれば、道ゆく人を眺めていてもあやしまれない。私なりに精いっぱい人に近づこうとしてできたのがこの店だ。向いていないとしても、まだあきらめない。

店は待っている

入荷した本を拭いて値づけして棚に並べて、置ききれない本を倉庫に積みあげて、釣銭を両替しに銀行に走り、注文の入った分厚い本の配送方法に迷い、閉店時間になると棚を一台ずつ店内におさめ、重いシャッターを足で閉める。

一冊ずつ、数十円・数百円ずつ、数分ずつの細かい作業のくり返しだ。もっと効率のいい仕事はいくらでもあるだろう。「不要不急」と言われて店を開けることすらためらう状況になったいま、それでもなぜ本屋になりたいのか、本屋でいたいのか、ずっと考えている。

開店当初は「ひまつぶしです」と言っていた。「本が好きなんですね」と言われすぎるのに抗いたくて挑発的な言葉を選んだのだけれど、本心でもあった。毎日行く場所があり、そこに座っていれば働いていることになるというのは、ずぼらな私にはありがたい。開けさえすれば、だれかが来てなにかしら起きる。本は重いし、好きでない本もたくさんあるけれど、見ていて飽きない。

そんなぼんやりした理由で開けているので、状況が変わるたびにいちいち問いなおす。一番大事なのは、お金？　本？　お客さん？　自分の居場所？

本屋のことだけ考えていると行きづまってくるので、まわりを見わたしてみる。宝石屋、泡盛屋、弁当屋、鰹節屋、骨董屋、土産物屋、Tシャツ屋。扱う商品も違えば、形態も違う。個人店、チェーン店。店主ひとりでやっている店、家族経営の店、従業員のいる店。家主が営む店、借主が営む店。年中無休の店、めったに開かない店。売上が落ちるとすぐにやめたり業種を変えたりする店、店売りよりも外商や卸が中心の店、友だちとの社交場のように開けている店。

どの店にも共通して大事なものがあるとしたら、なんだろう。まずは利益を出せなければ店を続けられないけれど、店を開ける動機のすべてではない。商品だろうか。どんなにすばらしい商品を並べていても、だれも来なければそこは店ではない。個人の家や倉庫と同じだ。

そう考えていくと、店にとって一番大事なのはきっとお客さんだ。通りがかった人が店に入ってきて初めて、そこは店になる。たとえ買わなくても。どうぞだれでもお入りください、と戸を開けておいて、来るか来ないかわからないだれかを待つのが店だ。

感染症の流行のため、沖縄に何度も緊急事態宣言が出た。最初はそのたびに店を閉めていたまわりの店主たちは、しだいに休まなくなった。

「家にいてもひまだから」

みんなそう言う。

「子どもが小さかったころは、子どもたちは学校から店に帰ってきて、夕飯も店で食べさせたよ。そこから銭湯に行かせて、寝ちゃったらおぶって帰るの」

そんな話を聞いたこともある。店を閉めろと言われるのは、家にいるなと言われるのと同じことなのかもしれない。

それでも、夕方四時をすぎると閉める。まえは七時ごろまで開けていたのに。

「開けててもひまだから」

お客さんが来なければ、ひまなのだ。自分の居場所として開けているとしても、やっぱりお客さんが一番大事だ。

市場の本屋

『本屋になりたい』を読んだある古本屋の人に、「どうして『古本屋になりたい』じゃないの？」と聞かれた。痛いところをつかれた気がした。

経験もないのに古本屋を始めたのは、新刊書店で働きながら感じていたもどかしさを、古本屋でなら解消できるのではないかと考えたからだった。新刊書店は経済的に無理だと決めこんでもいた。

古本屋の魅力は、仕入れの方法がいろいろあって、仕入れる値段も売る値段も自分で決められること。世界でかつて出版されたあらゆる本を（本ではないものも）、いつか扱える可能性があること。十年やってもまだまだ手探りだけれど、古本屋の仕事は想像していたのよりずっと奥行きがあっておもしろい。できるだけ続けていたい。

一方で、新刊書店へのあこがれも年々高まっている。新刊書店の魅力は、（基本的に）注文すれば本が入ってくること、たくさんの人に開かれていること。そして本をつくっている人たちと関われることだ。

古本屋であっても、直取引で新刊を仕入れることはできる。私の店にも個人や出版社から新刊案内がときどき届く。はじめは新刊で仕入れるのはほぼ沖縄関連の本だけだったけれど、いまは縁があればそれ以外の本も扱っている。「沖縄」「那覇」だけでなく「市場」もキーワードにしようと、市場や商店街の本も少しずつ集めはじめた。

店の名前を「市場の古本屋」ではなく「市場の本屋」にしたほうがよかったのかもしれない。古本屋に新刊があることにとまどうお客さんも当然いる。なにより、おすすめの本を聞かれて新刊ばかり挙げてしまうことや、通販サイトで新刊だけ扱っていることに、自分の気がとがめている。古本も新刊も扱う「本屋」です、と言えたらすっきりする。

でも、「本屋」はより公的な役割を求められるだろう。雑誌やコミックや話題書の問合せも来そうだ。古本屋だから、「漫画はないんです」と言っても許される。大手の取次と契約できないか相談したこともあったけれど、求められる売上も責任も、個々の出版社との直取引とは段違いに大きかった。踏みだす覚悟はまだない。

新刊書店では決してないし、古本屋としても中途半端で、大量の蔵書を引き取ったり、博物館級の稀覯本を扱ったりすることはできない。気力も体力も知識もお金も足りない。それでも、できないなりに店は続いてきた。私がなりたいのはどこでも通用するプロの古本屋というより、この場所で商売が成り立つ「市場の本屋」なのだと思う。店に来るお客さんの必要とする本を仕入れられるなら、古本でも新刊でもかまわない。

『本屋になりたい』を読んだ別の人には、「古本屋って自由なんですね」と言われた。そう、自由なのだ。だから、こんな古本屋もあっていいことにしたい。

本を引き継ぐ

新型コロナウイルスの流行が始まったころ、ダニエル・デフォーの『ロンドン・ペストの恐怖』(栗本慎一郎訳・解説、小学館、原著の刊行は一七二二年)が家にあるのを思いだして、読んだ。

一六六五年、ロンドンをペストが襲った。店や市場に買いものに出た人が感染する。感染者は家に閉じこめられ、家庭内感染が広がる。ロンドンから逃げた人は地方で避けられる。あれこれうわさが飛びかい、あやしげな治療法がはやる。

そこから三五〇年たったのに、驚くほどなにも変わっていない。感染症への対処法も、人の心も行動も。そんなものか、と思ったら少し力が抜けた。新聞やSNSばかり見ていると、自分が責められているように感じられてつらくなる。三〇〇年前に出た本が、いま起きていることを俯瞰させてくれた。

ためしに調べると、『ロンドン・ペストの恐怖』の古書価格は高騰していた。でも、自分で持っていたいから売りたくない、と躊躇しているうちにほかの出版社の版が増刷され、新訳も出て、古書価はすぐに下がった。

二〇二〇年の春はカミュの『ペスト』をはじめ、感染症を扱った小説やノンフィクション、新書などの既刊が注目され、版を重ねたそうだ。危機に直面したとき、物語や歴史、研究の成果を知ることが助けになる。知る手段はいまも本なのだ。

今回のパンデミックがいずれ忘れ去られ、数百年後に別の感染症が世界に広がったとき、人々はまた『ペスト』を思いだすだろうか。そのとき、『ペスト』は本のかたちをしているのだろうか。

そう案じたくなるほど、「紙の本」の地位は揺らぎはじめている。なかなか定着しなかった電子書籍は、人々が手もとの端末で文字を読むのに慣れたことで一気に普及した。

電子書籍を買う人が増えれば、新刊書店の経営が厳しくなることは想像がつくだろう。それだけでなく、電子書籍は古本屋をも脅かす。なぜなら、電子書籍はリサイクルできないから。これは読者にとってもつらいことだ。読んでつまらなかった本を売れれば、少しでも元をとれるのに。私も「紙の本」が入手できなくて電子書籍を買うことはあるけれど、くり返し読むとわかっている本しか買いたくない。

打ち合わせまでオンラインになって、液晶画面を眺める時間がますます増えると、紙の上で文字を読むのをぜいたくに感じるようになった。目が疲れにくいし、印刷された文字は紙に定着していて変わらないのがいい。書かれた言葉に、著者や出版社はしっかりと責任をもっているように思える。画面上の文字はつるつるとすべって、簡単に書きかえられてしまう。

ご家族にたのまれて、亡くなった人の蔵書の出張買取に行くことがある。本の内容はもちろん、本の状態や挟まれたメモなどからも故人の人柄がしのばれる。本を見ながら思い出話をうかがうこともある。

もし蔵書がすべて電子書籍だったら、その人の死後、蔵書がどこかに引き継がれることはない。そのほうが家族も困らなくていい、という考えかたもあるだろう。著名な作家や研究者の蔵書でなければ、ほとんどの図書館は寄贈を受けてくれないし、古本屋になじみがない人は買取も頼みにくいかもしれない。ただ、本は人から人へめぐっていくものであるはずだから、一代限りで終わってしまうのは惜しい。

ある古書店主は「お客さんの蔵書を引取りにいくときは、「本の命、引き継がせてもらいます」と「おくりびと」のような気持ちでやっている」と話していた。亡くなった人の体を整えて棺に入れるおくりびとの仕事が成り立つのは、人に体があるからだ。もしも魂しかなかったらそれは宗教の領域になる。本を運んで並べて次の人に引き継ぐという古本屋の仕事が成り立つのは、本にかたちがあるからだ。かたちがなければ、本に書かれたことを引き継ぐためには語り部や別の書き手が必要になるかもしれない。

私が本屋でいられるのも、本が紙でできているおかげだ。たとえすべての本が電子書籍で出版されるようになっても、骨董として本を扱いつづけたい。

津軽のリンゴ

新刊書店は本の流通の川下にあると言われる。本は出版社→取次→書店と流れていくからだ。

先日、「さらに下流として図書館や古書店等がある」という文を見かけて、なるほどと思った。図書館は書店で買った本を利用者に貸しだす。古本屋はだれかが書店で買った本を買いとり、お客さんに売る。川下のさらに川下だ。古本屋の本が、新刊書店や取次に逆流していくことはありえない。古本屋に並んだ本はお客さんに買われて、いずれまた別の古本屋に売られて、古本屋から古本屋へとまわりつづける。

ただ、もしかすると、古本屋は流通の始まりにもなれるのかもしれない、とこのごろ思うようになった。

たとえば、昔から出版を手がける古本屋は珍しくない。身近なところでは、沖縄の榕樹書林《ようじゅしょりん》は古本屋であり出版社でもある。社長の武石さんは、沖縄関連の稀少本を入手したとき、「古本は一冊売ったら終わりだけれど、復刻すれば何百冊も売れる」と考えて出版を始めたそうだ。古本を新刊としてよみがえらせて、川上に還した。

私に出版はできないけれど、たとえばだれかがこの店で買った古本を参照して新しく本を書いたら、ここから流通が始まったと言えないだろうか。

本を書く人は、新刊書店だけでなく古本屋や図書館も駆使して資料を探す。存在を忘れられていたような資料が引用され、参考文献に挙げられる。そうして書かれた本を読んだ人が、こんな資料があったのかと知って、また古本屋に探しにいく。古本屋にある本によって新しい本が書かれ、さらに忘れられた本の需要まで生みだすとしたら。本はみな古本屋から始まり古本屋に流れつく、などと言ってみたくなる。

ある日、店によく来る沖縄の大学の先生が、袋いっぱいのリンゴを抱えてきた。

「津軽のリンゴです。お礼にどうぞ」

「なんのお礼ですか」

「ここでずいぶん前に買ったまま置いていた本があって、このまえなんとなく見ていたら、まさに自分が調べようとしていたことが書いてあったんです。おかげで論文が書けました」

タイトルを聞くと、特に珍しい本ではない。そんなに重要な論文が入っているとは知らなかった。

「すばらしい本をありがとうございました」と言われたけれど、その本のすばらしさを見いだしたのは私ではなく先生だ。なのにリンゴなんかもらえて、古本屋はいい仕事だ。おいしかった。

市場で聞いた話

毎朝、シャッターを開けた瞬間から、いろいろな人に話しかけられる。仮設市場への行きかたをたずねられ、本の問合せを受け、「定休日は?」「本はどこで仕入れてくるの?」「沖縄の人なんですか?」などとあれこれ質問をされる。

「このまえここで買った本がすごくよかったです」

「私、三線《さんしん》を習っているんだけど、歌詞の意味がわからないのよ。この本は古い歌も新しい歌も載っているね」

と、本の話をしてくれる人もいる。

どうしてこんなに話しかけられるのかといえば、ここに本があるからだろう。本が並んでいると案内所みたいに見えて、道を聞きやすいのかもしれない。本を見ていてなにか発見したら、いますぐだれかに伝えたくなるのかもしれない。戦時中のできごとや家庭の悩みをふいに打ち明けられることもあるけれど、これも私がただの本屋の店番だから話せるのだろう。

店先で聞いた話を書いておきたい、と店を始めたころから思っていた。といっても聞かされるのは後世に語り継ぐべき体験というより、子どものころのちょっとした思い出とか、市場で起きたおかしな偶然とか、どこにも記録されずに消えていきそうな短い話ばかり。だからこそ、せっかく聞かせてもらったら忘れないように書きとめておきたかった。

ただ、「書きとめる」というのは簡単そうでいて難しい。みんな突然話しかけてくるので心の準備ができていないし、録音するわけにもいかない。いつ、どこの話をしているのかわからないことも、固有名詞が聞きとれないこともある。話の腰を折らないようにうなずきながら、なんとか筋を見いだそうと必死で聞く。

お客さんが帰ったあと、急いでメモをとる。すでに聞いたうちの半分くらいは忘れてしまっている。このときどんな言葉を使っていたっけ。こんな言いまわしではなかったけどな。思いだそうとしても、自分の語彙にない言葉は出てこない。結局、要約か翻訳みたいなメモになる。内容よりもむしろ話しかたがおもしろかったのに、といつも思う。

聞いた単語を手がかりに、棚にある沖縄の本を開いてみることもある。ああこのことを言っていたのか、と腑に落ちたり、つじつまが合わなくてよけいに混乱したり。いったいどれが本当なのだろう。

研究書やノンフィクションでは、ほかの本に書かれていることが事実として扱われている。そういうものなのだけれど、ふと不思議になる。生まれるまえのこと、見ていないことを、どうして自分が取材したことと同じように書けるのだろうと。

私は外から沖縄に来た。旧暦の行事に立ちあったり島の祭りに自分から出かけたりもせず、住んではいてもよそ者として暮らしている。なのに市場にいると話だけは聞こえてくるので、つい知った気になってしまう。県外の人に得意げに話して、いやいや自分ではやったことないくせに、とあとで恥ずかしくなる。

戦後の闇市のにぎわいや水上店舗の建設も、もちろん私は体験していない。もしその場にいたとしても、全体を把握することはできなかっただろう。いまも同じで、一本向こうの通りの人と話をしたら、見ているものが全然違ってびっくりすることがある。

私はずっと、自分の店から市場を見てきた。そこからしか見られなかった。アーケードの再整備の活動にかかわるうちに、少し変わってきた。

再整備の必要性を訴える陳情書を書いたとき、「私たち」という一人称を初めて使った。ただ同じ通りで店をやっているだけで、店を始めた時期も扱っている品物も商売の規模も違う「私たち」なのに。大きな一人称を掲げると大きな声を出せる気がして、調子よく書いた。

通り会の動きを紹介する冊子をつくることになり、これまでのいきさつを書こうとしたら、「私はアーケードです」というフレーズが出てきた。なにを言っているんだと自分で笑ってしまったけれど、それくらいアーケードに思い入れを持つようになっていた。三十年間からだを張ってお客さんや店や商品を守ってきて、いままさに撤去されようとしているアーケードの視点に立ってみたら、すぐに物語ができた。

勝手になり代わるのはよくない、と思う。演じるのが気持ちよくてついペラペラと語りたくなるけれど、想像で代弁することで、よけいに見落としてしまうものがある気がする。

新しいアーケードの設計について協議会で議論していたとき、ひとりの家主さんがふいに立ちあがって話しはじめた。

……自分が中学生のころ、母親がここの家主になった。父親は早く死んで、女ひとりだからなめられたのか、使いにくい場所を割りあてられた。隣の人があわれに思って場所を貸してくれた。六十年間の無念があるので、今度のアーケードはぜひとも「できてよかった」とみなでよろこべるものにしてほしい。……

「六十年間の無念」。ほかの家主さんは黙っていたけれど、それぞれに積み重ねてきた思いがあるのかもしれない。「私たち」とひとくくりにして語ることのできない思いが。

市場には生き字引と呼ぶべき人が何人かいる。戦後の混乱のさなかでまわりをひっぱり、那覇市や沖縄県と、復帰前は琉球政府や米軍とも交渉しながらマチグヮーをかたちづくってきた人たちだ。ときどき当時の話を聞きにいくのだけれど、彼らの話は往々にして食いちがう。年代が合わなかったり、できごとの順序が逆だったりして、聞くほどにわからなくなってくる。ではたとえば那覇市の記録が正しいのかといえば、そうとも限らない。

この混沌とした場所で、どんなふうに歴史を知って、記録を残せばいいのだろう。古本屋としてできることがあるとすれば、ひとりでも多くの声を残しておくことだろうか。本を集めて、いろいろな人の話を書きとめて、視点はひとつではないのだと覚えておきたい。

「戦後、川のまわりに闇市が起こった」と話すとしても、私は本当には知らないのを自覚していなければと思う。この一行に、どれだけの人が関わって、どんな苦労をしていたのか。その重みを感じていたい。

記録すること

新刊書店で働くようになるまで、私にとって本とは文芸書のことだった。学習参考書や料理の本を手にすることがあっても、それは読書のためではなく必要なところだけを使うためで、言ってしまえば家電の取扱説明書に近かった。

同じように、言葉は文学のためにあると思っていた。新聞や学校で配られるプリントに書かれているのも言葉だけれど、本当の言葉は詩や小説にしかないと信じていた。

書店のフロアガイドを見ればすぐにわかる。文芸は数あるジャンルのなかのひとつで、むしろ私が「取扱説明書」だと決めつけた本が棚のほとんどを占めている。楽しみのためだけでなく、仕事や研究のために必要とされる本があり、毎年改訂される薬や法律の本が切実に求められていく。

ここ数年、公文書改ざんのニュースを見て、公文書に政治を左右する力があるということに逆に感心した。商店街の活動に関わるようになると、総会の議事録や議会に出した陳情書など、一枚の紙が事態を動かしていくのを実感した。社会をつくっているのは言葉だったのか。文学の言葉を愛しているつもりだった私は、実は言葉を見くびっていた。

このごろは個人的にノンフィクションを読むことが増えた。特に、沖縄や那覇や市場を取りあげた本。いつも見ている風景にどんな来歴があるのか、そこにどんな人がいてなにを考えていたのかは、だれかに話を聞くか本を読むかしなければ知りえない。よくこんなことを調べて書き残してくれたなと思いながら読み、では、いま起きていることはどうやって記録すればいいのだろうと考える。

公設市場の建替、アーケードの再整備、感染症の拡大など、いま市場にはさまざまな危機が降りかかっている。そのなかでやめる店も、新しく始める店もあり、状況は刻々と変化していく。店先で聞いた話や見た風景を、今日の市場のようすを書きとめておきたいけれど、方法がわからない。いっそフィクションのほうがいいのかしら、などと考えているうちに時間だけが過ぎていく。

店に来る研究者や編集者は、私が市場の話をするとすぐに「記録しておいてください」「本にすれば」などとけしかけてくる。なんでも記録して本にしようとする、それ自体がとても特殊な態度だということも、この変化の時期に感じた。

公設市場の建替のために市場中央通りのアーケードの一部を撤去することになったとき、アーケード協議会のアドバイザーが「撤去前に、現在のアーケードを記録するワークショップをしましょう」と提案したら、一部の店主が「なくなるものを記録してどうする」と異を唱えた。

「なくなるからこそ記録しておくんですよ」

「そんなひまがあったら新しいアーケードの計画を進めたほうがいい」

なるほど、そう考えるのか。記録するのはいいことだと無邪気に信じていたけれど、役に立たないと思うほうが多数派なのかもしれない。

また、牧志公設市場の雑貨部と衣料部が二二年二月末に閉場したときのこと。雑貨部のまえに並んでいたパラソルと椅子も撤去され、がらんとした通りを眺めていたら、向かいの洋服屋さんに話しかけられた。

「ここは静かな裏通りに見えるだろうけど、昔はこうじゃなかったんだよ。雑貨部ができるまでは私の店のすぐ目のまえに建物があって、階段で三段下がったところが入口でね。道が狭くて人がどんどん通って、すごくにぎやかだった。雑貨部が建つときに道が広がったのよ。道にベンチを置いたりパラソルを置いたりして、うちの子どもや孫たちも遊ばせていたけど。パラソルもなくなって、こんなにしーんとして」

「にぎやかだったころの写真なんて、ないですよね」

「撮ってないねえ」

お店の昔の写真を持っていませんか、とまわりの店の人に何度か聞いたことがある。たいてい「忙しすぎて写真どころじゃなかった」とか「特別なときしか撮らないよ」とか返ってきて、それはそうだろうと思った。

洋服屋さんは続けて言った。

「私はいつも未来を見るのよ。いまは静かだけど、雑貨部のあとになにができるのか楽しみだし、公設市場が新しくなってコロナが治まったら、またお客さんがいっぱい来るからね」

言いきる顔が、商売人だった。いつも未来のことを、明日の売上のことを考えてワクワクできる人。市場の店主たちはたいていそんな感じだ。記録や写真で過去を残すことに興味を示さず、ずっと先を見ている。いさぎよい。

私も商売人のはしくれであるはずだけれど、昨日売れた本や亡くなった著者のことをいつまでも考えてしまう。そういう性分だし、なんといっても古本屋なのだからしかたない。同じように昔のことが気になる人たちのために古い本を並べて、昔の話を聞いている。昔のことが気になる未来の人たちのために、いまのことを記録しておきたいと望んでいる。

市場と本屋

いまは閉店してしまった隣の漬物屋さんの看板商品は、瓶にきれいに詰められたスクガラスだった。小さな魚がぎっしり入った瓶は観光客の目をひき、漬物屋さんはいつも「豆腐にのせて食べるとおいしいですよ」と声をかけていた。あるとき、ふと「スクガラス、おうちでよく食べるんですか?」と漬物屋さんにたずねたら、「食べないよ、しょっぱいもの」と一蹴された。そうですよね、スクガラス豆腐はお酒のおつまみだし、漬物屋さんはお酒は飲まないし。納得しながらも、おかしかった。自分の苦手なものが看板商品だっていい。

漬物屋さんの隣の隣にあった傘屋さん。細長い店内に数百本の傘が束になって押しこまれていて、お客さんが来ると奥から次々に傘を取りだし、広げて見せていた。閉店する前日、手伝いにきたご家族が傘を縛って運びだしていき、初めて店の床と奥の壁が見えた。「これを売って新しいアーケードをつくる足しにしてね」と、残った傘を通り会に譲ってくれた。傘がアーケードに変身するのを想像したら楽しくなった。

隣の洋服屋さん。昼になると毎日お友だちが連れだってやってきて、一緒にお弁当を食べていた。宮古島の言葉の会話は、私にはどうしてもわからない。しばしば海外のお客さんがマネキンに目をとめて、奥のスペースで試着した。相手が話すのが英語でも中国語でも、洋服屋さんは宮古の言葉で応対していた。最後は閉店作業をしながら洋服を売りつづけ、一枚も残らなかったそうだ。

洋服屋さんの隣にあった下着屋さん。天井から吊りさげられたムームーやズボンが店内を埋めつくし、商品が多すぎてクーラーがきかないとこぼしていた。店をやめたあとも、近くの銭湯に行くついでに顔を見せてくれる。マチグヮーのあちこちに親戚がいて、そこで肉や刺身を買うらしい。孫が家に来るから毎日おにぎりをたくさん握るんだよ、こんなに握ってもすぐになくなっちゃうよ、と笑っていた。

市場中央通りにあった店と、そこにいた店主たち。ほんの六年前まではみんな毎日店を開けていた。数十年続いてきたお店が、この数年で続けて閉まった。店主の年齢や体調、町の変化、感染症の流行など、それぞれの理由で。

漬物屋さんの店のまえに置かれていた古い木の台。傘が入っていた紙の箱。ハンガーを引っかける金属の棒。シャツに洗濯ばさみでとめられていた手書きの値札。店がなくなって、みんな通りから消えた。この人がここにいたから、この店ができた。マチグヮーには、ここにしかない店がひしめいている。どの人もここにしかいないのと同じように。

一軒ずつかけがえがなくて、そこにしかない商品があり、そこでしか会えない人がいる。ただし一軒だけで成り立つわけではなく、まわりの店との関係のなかでかたちができている。そんな店が並ぶのが市場や商店街だとしたら、本屋も同じだ。それぞれに固有の言葉が書かれた本が、隣りあって置かれる。一冊ずつ立っているように見えて、実はお互いにもたれあっている（物理的にも）。一軒の店が一冊の本に、市場が本屋に見えたとき、私はやはり市場で本屋をやっていたい、とあらためて思った。

市場で本屋を開いて十年。始めたときは、十年続くともすぐにやめるとも思っていなかった。先の見通しはまったくもてなかった。いまは、このあと五十年続くこともありうるような気がする。同時に、なんらかの理由で一年後に閉店していてもおかしくないとも思う。いくつもの見通しをもっている、と言えるかもしれない。

その場しのぎ、その日暮らしなのは相変わらずだけれど、未来を想像することが少しはできるようになった。市場の歴史に目を向けることで、自分の時間軸が長くなったのだろうか。商品を棚に、あるいは地面に並べて、もしくは体にくくりつけて売っていた店主たちと、店主たちが守って盛り立ててきたマチグヮー。私もその歴史の片隅にいると思うと、妙にやすらいだ気持ちになる。

店で売った本、自分の書いた本、通り会で建てるアーケード。数十年後にはどうなっているだろう。だれかの役に立ったり、心を動かしたりすることがあるだろうか。捨てられて壊されて、すっかり忘れられているだろうか。

先のことはわからない。わからないから想像して、今日の仕事をする。今日も、本屋になる。

「ちくま文庫」へのあとがき

この本は、二〇一五年六月に出た『本屋になりたい』（ちくまプリマー新書）の増補改訂版である。本文を「ですます調」から「である調」に書きかえ、六章に刊行後の七年間について書き足した。

「ですます調」をやめたのは、ただ恥ずかしかったから。プリマー新書の読者である（はずの）若い人たちにおずおずと話しかけているみたいで、とてもこの調子では書きつづけられないと思い、直した。それによって、内容もひとりごとに近づいたような気がする。

純粋に「本屋になりたい」という気持ちでこの本を手にとった人は、今回書き足した部分には興味がもてなかったかもしれない。商店街の活動とか、お客さんの話を記録するとかは、本屋の仕事ではないと思われただろう。私も、店を始めたときはそんなことをするつもりはまったくなかった。でもいまは、本を売るのと同じくらい必要な仕事だと考えている。ここで本を売りたいなら、やらざるをえないこと。むしろ、それをやるために本屋をやっているような気さえする。

プリマー新書のときはできるだけ普遍的であろうと努めていたけれど、いまは逆だ。この場所でしか成立しない本屋になりたい。

まわりの店やどこかの本屋が閉まると不安になる。新しくすてきな店や本屋ができたときも不安になる。このままじゃまずい。「ひまつぶし」とか「記録したい」とか言っている場合ではない。もっともっと本を仕入れて宣伝して接客して買ってもらわないと、ここにいられなくなる。

そう思っても、帳場の椅子に座ると「まあ、人と比べてもね」と気が抜けて、すぐにぼんやりしてしまう。こんなふうにしかできないから、できることをやる。

私が本屋でいられるのは、本を買ってくれる人と、商売と生活に手を貸してくれる人がいるからだ。お客さん、マチグヮーの人たち、古本屋、新刊書店、出版社、取次の人たち、陰に陽に支えてくれるみなさん。いつもありがとうございます。

解説をこころよく引き受けて、大切な本屋の思い出を教えてくださった小野正嗣さん。マチグヮーの地図と水上店舗の断面図を描いてくださった武藤良子さん。装丁のアルビレオさん。文庫のために新しい絵を描き下ろしてくださった高野文子さん。プリマー新書に続いて文庫も一緒につくってくださった吉澤麻衣子さん。ありがとうございました。

新刊書店に就職したのは二〇〇二年の四月だったから、本を売るようになってちょうど二十年たったことになる。二十年やってもわからないことだらけで、気分はいまも初心者だ。ひとつ言えるのは、本と人のあいだで過ごした二十年間は、そのまえの二十年間よりずっと楽しかったということ。これからの日々も、その続きにいたい。

二〇二二年四月

宇田智子

解説　本屋さんの余白

小野正嗣

本屋といわれて、まずどんなイメージを思い浮かべるだろうか。立ち並ぶ棚を埋め尽くすたくさんの本？　では、そこで本を売っている人の顔、名前と声が具体的に脳裏に浮かぶ人がどれだけいるだろうか。僕にとって本屋とは前者のイメージでしかなかった――二十代の後半にフランスに留学するまでは。

東京で大学・大学院と学んでいるあいだに本に触れなかった日はなかったと思うし、新刊書店も古書店にも足繁く通っていた。そして読めもしないのに、本をたくさん買い込んだものだ。では本屋で働いている方たちと何か記憶に残るようなやりとりをしたことがあっただろうか。「この本はどこにありますか」と尋ねたことは幾度となくあっただろうが、それ以上の交流はなかったように思う。

ところが、フランスに留学してから本屋との関係はまったく変わった。パリに暮らしていたころ、近所のクリシー広場にある「パリ書店」という老舗書店に頻繁に足を運んだ。ある日、僕より少し年上と思える男性の店員——ブルゴーニュ出身のクリストフさん——に探している本について尋ねた。すると「だったらこういう本も好きかも」と別の本も紹介された。そこから書店に行くたびに彼と話をするようになった。周囲を見ると、たしかに書店員たちはお客と話をしている。丁寧に接客というより、気の置けない会話を楽しんでいる感じだ。僕はクリストフさんとは仲良くなり、ご自宅に夕食に招かれたこともある。

パリからオルレアンに引っ越してから書店との関係はさらに濃密になった。この街には「同時代書店」という独立系の小さな名物書店がある。経営者が僕の大家の親戚だったこともあり、散歩もかねてほぼ毎日この書店を訪れた。そして本を眺めながら、店主のソフィーや当時の店員のエマニュエルやジャン＝ジャックととりとめなく会話に興じた。話題は本だけではなく、子育てとか、音楽や映画とか、街の情報とか、自然に広がっていた。書店では定期的にイベントも開催していて、そこに顔を出せばゲストの作家と話ができたし、他のお客さんたちと交流する機会も生まれた。本を通じて、たとえ一時的とはいえ複数の人がつながる風通しのよい時間と空間が開かれていた。本屋は一義的には、本を売り買いする場であるのかもしれないが、それにとどまらない余白の部分があり、その魅力を僕はフランスで初めて発見したと言える。

宇田智子さんの『増補　本屋になりたい』を読みながら、「市場の古本屋ウララ」

は店の面積こそ小さいけれど、この余白の部分をとても大切にしている本屋さんなのだと感じた。

二〇一九年十二月から始まった新型コロナウィルスの流行のために、「市場の古本屋ウララ」もしばらくのあいだ休業を余儀なくされる。そうした経験を経たのち、本書のために新たに書き下ろされた第六章には、次のような言葉が読める。

店にとって一番大事なのはきっとお客さんだ。通りがかった人が店に入ってきて初めて、そこは店になる。たとえ買わなくても。どうぞだれでもお入りください、と戸を開けておいて、来るか来ないかわからないだれかを待つのが店だ。(224)

来るか来ないかわからないだれかを待つ場所。それは本屋に限られた話ではない。そこに置かれている本それ自体がそのような場所ではないだろうか。だれが読むかはわからない。でも手に取って読んでくれるだれかがいなければ、本は存在していないのも同じだ。頁に記された言葉は眠ったままである。読むという行為が、言葉を目覚めさせ、さらには、それがだれであれ読む者のなかにある記憶や体験を必ずよみがえらせる。宇田さんの本を読まなければ、僕は自分のフランスでの本屋体験を、とりわけクリストフさんやソフィーたちのことを、これほど鮮明にこれほど懐かしく思い出すことはなかっただろう。

この本は、『増補　本屋になりたい』というタイトルにふさわしく、本屋という職業の実際的な部分（新刊書店の業務、本の流通の仕組みと「再販制」、古書の買取と査定の方法、本屋の棚の作り方、古書組合の活動、「沖縄県産本」が示すような沖縄県独自の出版事情など）についてわかりやすく伝えてくれる。しかし、それだけではない。そうした有益で役立つ情報（実際、僕は知らないことばかりでした）ばかりではなく、本を通じてゆるやかに結びつく人間の姿が生き生きと描かれているところが素晴らしい。本について書かれている本だけれど、いや、だからこそか、人の気配が濃厚なのである。東京からやって来て、元々あった小さな古書店を引き継ぐかたちで店を始めた宇田さんを、できる範囲でサポートしようとする人たち――沖縄の古書組合の先輩業者の方たち、沖縄の出版社の方たち、店を訪れるお客さんたち、そして市場の隣人の店主たち（とくに隣の漬物屋さんと反対隣の洋服屋さん）――がごく自然に織りなす思いやりのネットワークとでも呼びたくなるものが心地よい。読む者までもやわらかく受けとめてくれる。

第六章ではもはや話は本屋という仕事にとどまらない。店の向かいにある那覇市の第一牧志公設市場の建替工事が始まったことを受け、撤去されたアーケードの再整備に関わることになった宇田さんは、この市場の成り立ちについて紹介しながら、ここを守ってきた先人たちに思いを馳せる。「お金もなければ法律にも詳しくない、おそらくいまの私たちよりもっと拠りどころのなかったであろう人たちが、全身全霊をかけて商いの場を守ってきた。その人たちのおかげで、いま私たちはここで商売できている」(201)。宇田さんと沖縄という土地、そしてそこに生きる人たちとの関係の深まりを感じさせる美しい言葉だ。そして次のような力強い言葉に読者は出会う。

公設市場の建替とアーケードの再整備は、私を市場の運動にいやおうなく巻きこんだ。アーケードが好きだとか風景を守りたいとかではなく、ただ自分がここに座りつづけるためにやっている。

本屋はほかの場所でもできるのかもしれないけれど、ここにいたい。いろいろな人と商品が行きかうなかにいるのがいい。と、はっきり思うようになった。どんなにうるさくて面倒だとしても、本と自分だけの世界に閉じこもりたくない。(202)

本屋という生き方について書かれていた本がいつしか、宇田智子という古書店を営む人が、みずからの拠りどころと実感できるようになった土地で、どのように生きているか、これからどのように生きつづけていくつもりなのか、その葛藤と模索について書かれた本になっている。ここにあるのは、宇田さんの「本と自分だけの世界」ではない。むしろ両者の〈あいだ〉に開かれた、宇田さんという人が持つ豊かな余白に僕たちは歓待されている。

　どんな職業についていようが（あるいはどんな職業にもついていなかろうが）、何よりも大切なのは、その人が幸せを感じて生きられることだ。宇田さんは自分の店を「だれでもいられる場所」にしたいと言う。だれであろうが訪れたときに、そこに居場所がある、自分は受け入れられていると感じられる場所。もちろん、この「だれでも」のなかに真っ先に宇田さん自身が含まれていなければならない。また、そのような場所は必ずしも本屋に限られるものではないだろう。でも本屋であれば、宇田さんには居場所が、「座りつづける」ことのできる場所がたしかにある。彼女にとって、そこはどうしても本屋でなければならなかったのだ。

だれとでも気軽に話したりもてなしたりすることは私にはできないけれど、本はある。本がかわりに受けいれてくれるといい。だれでも立ち寄れてしばらくいられる場を、本がつくってくれるといい、私はじゃまをしないように、黙って座っているから。(219)

もちろん、そのような歓待の場を、本だけがつくっているのではないことを僕たちは知っている。本にそれができるのは、どんなときでもすぐかたわらに、控え目に黙って座っている人がいてくれるからだ。

(おのまさつぐ　小説家・仏語文学研究者)

ちくま文庫

増補《ぞうほ》　本屋《ほんや》になりたい　この島《しま》の本《ほん》を売《う》る

二〇二二年七月十日　第一刷発行

著者　宇田智子（うだ・ともこ）
絵　高野文子（たかの・ふみこ）
発行者　喜入冬子
発行所　株式会社　筑摩書房
東京都台東区蔵前二―五―三　〒一一一―八七五五
電話番号　〇三―五六八七―二六〇一（代表）

装幀者　安野光雅
印刷所　株式会社精興社
製本所　加藤製本株式会社

ISBN978-4-480-43829-4　C0100